장도리의 대한국민 現在史 2015~16

굿바이 사이비 전성시대

새 시대를 밝힐 촛불을 들며

20여 년간 〈장도리〉 만화를 그려 오면서 여러 번 한국 사회의 역동성에 숨이 차오르기는 했지만 요즘처럼 정신 못 차릴 정도로 몰아치는 충격적 사건의 쓰나미는 경험한 적이 없습니다.

박근혜 정권 임기 후반에 터진 박근혜-최순실 게이트가 전 국민을 충격과 허탈감의 블랙홀로 흡수하고 있습니다. 상식을 뛰어넘고 상상을 초월하는 대형 뉴스가 국민들을 잡아 둔 탓에 극장 매출이 감소하는 등 엔터테인먼트 시장이 급격히 위축되었을 정도입니다.

아무런 공식 직함도 없는 대통령의 오랜 지인이 장관 인사에 영향력을 발휘하는 등 국정을 농단하고 기업과의 검은 거래를 주도했다는 사실에 박근혜 대통령의 오랜 지지자들마저도 환멸을 느낍니다.

간절히 원하면 온 우주가 도와준다는 박근혜 대통령의 아리송한 표현 또한 연설문 작성 및 국무회의 발언에 개입한 최순실 씨의 생각이었을 것이기에 사이비 교주의 딸 최순실의 꼭두각시 노릇을 한 대통령을 향하는 분노의 불길은 전국을 휘감고 있습니다.

이렇듯 온 나라를 뒤흔드는 거대한 파동은 단지 한 정권의 부패 스캔들에서 그치는 것이 아니며 한국 근현대사의 그늘에 켜켜이 쌓인 비극의 지층이 울렁이며 내는 파열음과도 같습니다.

시대는 빠르게 변해 왔지만 대한민국은 1960~70년대를 지배한 독재자의 딸을 대통령으로 선택했습니다. 수십 년 전의 독재자가 지금도 영웅으로 추앙받고 그의 자식마저 대통령이 되었다는 사실은 우리 사회가 아직까지 과거의 굴레에서 벗어나지 못했음을 보여 줍니다.

유신 시대에 머물러 있는 한국 최고 권력층이 보여 주는 온갖 치부는 지금 우리가 살고 있는 나라의 또 다른 모습입니다. 경제성장과 반공이라는 한국의 사이비 종교는 오랜 세월 동안 이 나라를 현혹하고 민중을 지배해 왔습니다. 지옥의 현실을 견디고 노력하면 부자가 되어 천국을 누린다는 교리를 앞세워 노동자를 착취하고 재벌가문의 영향력을 강화했습니다.

시장경제를 표방하지만 봉건적 신분제와 다름없는 착취 구조를 기반으로 수익을 얻는 재벌 독점 체제는 사이비 기업입니다. 자유민주주의를 앞세워 언론을 장악하고 여론조사 기관 공작 정치를 바탕으로 지지 기반을 확보하는 사이비 민주주의가 이 나라를 지배하고 있습니다. 권력을 견제하고 사실을 보도하는 대신 자본과 정권에 굴종하며 사리사욕을 추구하는 사이비 언론은 기레기라 불리며 지탄의 대상이 된 지 오래입니다.

한국의 지배 집단은 21세기를 만나 그 민낯을 가감 없이 드러내며 그들의 청산과 새로운 사회 건설의 필요성을 확인시킵니다. 어쩌면 박근혜 정권은 그러한 시대적 소명을 부여받은 것인지도 모르겠습니다.

역사의 박물관에 들어가길 거부하며 생명 없는 움직임으로 이 사회를 장악했던 구시대의 유물들은 이제 박근혜 정권의 순장조가 될 것을 이 시대는 요구합니다. 지금 수많은 민중이 사이비 기업, 사이비 민주주의, 사이비 언론이 아닌 진짜 시장경제, 진짜 민주주의, 진짜 언론을 요구하며 촛불을 켜고 있습니다. 거리를 가득 메운 촛불이 우리 사회를 주도하는 새로운 생명으로 타오르기를 희망하는 겨울입니다.

2016년 12월

박 순 찬

장도리의 대한국민 現在史 2015~16

굿바이 사이비 전성시대

차례

1장
이게 나라냐

코스프레

대통령을 박근혜−최순실 게이트의 공범으로 입건한 검찰이 재벌 연관 혐의에 대해서는 뇌물죄가 아니라 강요죄를 적용합니다.
피해자 입장이 된 재벌들은 안도의 한숨을 내쉽니다. 자본 권력은 무궁한 힘을 지닙니다.

새누리당 친박 김진태 의원이 최순실 특검법 통과에 반대하며

"오늘 만약 법안이 통과된다면 이는 촛불에 밀려서 원칙을 저버린 우리 법사위(법제사법위원회)의 오욕의 역사로 남게 될 것",

"촛불은 촛불일 뿐 결국 바람이 불면 꺼지게 되어 있다"고 말합니다.

민중을 바라보는 시각이 유신 정권 시절 권력자의 시각에서 벗어나지 못한 발언입니다.

길라임

박근혜 대통령이 최순실 씨와 함께 차움의원을 이용하면서 길라임이라는 가명을 사용하였다는 사실이 알려지자
길라임이 주인공인 드라마 〈시크릿가든〉이 재조명되고 길라임을 소재로 한 각종 패러디와 풍자물이 쏟아져 나오고 있습니다.
대통령 때문에 웃픈 나날이 이어집니다.

사이비

박근혜 대통령이 대국민 담화에 이어 종교계 원로들을 초청한 자리에서 자신이 사이비 종교에 빠지지 않았다는 해명을 합니다.
그러나 지난 4년간 보여 준 모습은 몇 마디의 해명으로 덮을 수가 없습니다.

탈출

박근혜 대통령이 노무현 정부 시절 청와대 정책실장을 지낸 김병준 씨를 총리 후보로 지명하고
'DJ맨' 한광옥 국민대통합위원장을 청와대 대통령 비서실장에 임명합니다.
이때 나라를 뒤흔들고 있는 최순실 씨는 직권남용 권리행사방해 혐의와 사기 미수 혐의로 구속됩니다.

매트릭스

국민의 손으로 뽑은 대통령이 아닌 정체불명의 사람에 의해 민주공화국이 유린되었다는 사실이
온 국민을 허탈하게 만들고 있습니다.
최순실 씨는 법을 뭉개고 제왕적 존재를 통해 자신의 탐욕을 충족시켰습니다.

트로이 목마

트로이 목마의 정체를 알면서도 국민을 현혹시켜 최고 권력의 자리에 올려놓은 세력들 덕분에
최순실 씨는 마음껏 나라를 털었습니다.

짝퉁

최순실 씨의 국정 농단 사실들이 밝혀지면서 국민은 분노와 함께 허탈감과 상실감에 휩싸이고 있습니다.
국민이 선출한 대통령이 처음 듣는 이름의 존재에게 조종되는 가짜였다는 사실이 대한민국 국민의 자존심에 상처를 줍니다.

천심

살아야 한다

번쩍

천심
매주 박근혜 대통령의 퇴진을 촉구하는 대규모 촛불 집회가 전국적으로 열리고
대통령의 지지율이 한 자릿수에 진입한 가운데 박 대통령의 변호인으로 선임된 유영하 변호사는
박근혜–최순실 게이트에 대한 대통령의 검찰 조사를 거부하겠다는 입장을 밝힙니다. 천심을 두려워하지 않는 모습입니다.

살아야 한다
11월 12일, 박근혜 대통령의 퇴진을 요구하는 제3차 촛불 집회에 100만여 시민이 모여 부패와 무능, 무책임으로 가득 찬
박근혜 정권에 대한 성난 민심을 보여 줍니다. 박근혜 정권을 탄생시키는 데 공헌하고 적극적으로 협조했던 집단들도
100만 촛불에 동조하기 시작합니다.

번쩍
박근혜 대통령 하야를 요구하는 광화문 집회에 20만 인파가 모여 주말 도심의 밤을 밝힙니다.
왜곡된 역사의 밤을 밝히는 불빛입니다.

빠져듭니다

최순실 씨의 전방위적 국정 개입 사실이 드러나면서
최씨의 부친인 최태민 씨와 박근혜 대통령의 관계가 주목받고 있습니다.
최태민 씨는 1975년 박 대통령과 알게 된 이후 20여 년간 박 대통령의 최측근 실세로 성장했으며
최순실 씨가 박 대통령과 인연을 맺게 된 것도 아버지 최씨를 통해서였기 때문입니다.

개헌 탈출

박근혜─최순실 게이트로 위기에 빠진 박근혜 대통령이 '개헌'이라는 승부수를 꺼내 듭니다.
박근혜 정권의 측근 비리를 두고 공방전을 이어 가던 여야 정치권은 개헌이라는 거대한 블랙홀 속으로 빠져듭니다.

잘할 겁니다

최순실 씨의 국정 농단 사건은 막장 드라마를 떠올리는 동시에 사극을 방불케 합니다.
나이 어린 황제를 옹립하고 환관이 섭정하는 시대를 경험하게 하고 있습니다.

실력

비선 실세 최순실 씨의 딸 정유라 씨가 과거 자신의 SNS에 쓴 글이 온라인을 통해 퍼지면서 네티즌의 분노를 자아내고 있습니다.
정씨는 자신의 SNS에 "능력 없으면 너희 부모를 원망해. 있는 우리 부모 가지고 감 놔라 배 놔라 하지 말고. 돈도 실력이야"라는
글을 올렸습니다. 황금만능 사회에서 이같은 생각을 하는 사람은 정씨만이 아닐 것입니다.

몰라도 돼

박근혜–최순실 게이트의 회오리 속에서 박관천 전 청와대 공직기강비서관실 행정관의 예전 발언이 주목받고 있습니다.
그는 "우리나라 국가권력 서열 1순위는 최순실, 2위는 정윤회, 3위가 박근혜 대통령이다"라고 주장한 바 있습니다.
서열 1위가 누구인지 아는 사람들은 줄을 대 각종 특혜와 이권을 손에 쥐었습니다.

뉘신데!

최순실 씨의 딸 정유라 씨의 이화여대 부정 입학 의혹이 가뜩이나 학벌 사회에 지친 국민을 분노하게 만듭니다.
이화여대는 정씨를 입학시키기 위해 체육 특기자 대상에 승마 종목을 새로 포함시키는 등
학칙까지 개정했다는 의혹을 받고 있습니다.

놀이터

삼성전자가 배터리 발화 사고로 전량 리콜 조치한 바 있는 신제품 스마트폰 '갤럭시 노트7'이
결국 단종되는 초유의 사태가 일어납니다. 기업 내부의 상명하복식 조직 문화와 비용 절감을 우선하는 분위기 등이
비극을 초래했다는 분석입니다. 금수저와 흙수저로 계층구조가 고착된 신분 세습 사회에서
엄격한 상하관계, 머슴 부려 먹기를 일상화한 결과입니다.

최순실 씨의 심기를 건드린 공무원이 대통령의 "나쁜 사람이라더라"라는 한마디에 좌천되고,
"이 사람이 아직도 있어요?"라는 한마디에 강제 퇴직까지 당합니다.
법으로 정해진 공무원의 신분이 제왕적 대통령 앞에서 한낱 파리 목숨에 불과했습니다.
대한민국이 어렵게 쌓아 올린 법과 민주주의의 가치를 최씨를 위해 무너뜨리는 모습입니다.

실정

아무런 공식 직책이 없는 최순실 씨가 비선 실세로 활약한 사실들이 밝혀지면서 국민의 분노가 커지고 있습니다.
승마 선수인 최씨의 딸과 관련해 도움이 되지 않는 내용을 보고한 공무원이 '나쁜 사람'으로 찍혀
좌천되고, 퇴직당하는 등 최씨는 대통령의 힘을 빌려 온갖 전횡을 일삼았습니다.

쏘셨습니다

재단법인미르와 K스포츠 재단을 설립하는 과정에 비선 실세가 개입하고
청와대가 기업으로부터 기부금을 강제 모금한 정황이 곳곳에서 드러나는 중입니다.
전국경제인연합회(전경련)는 두 재단을 해체하고 새 재단을 만들어 증거를 인멸하려는 움직임까지 보이고 있습니다.
경제민주화를 외치며 집권한 박근혜 정부는 경제민주화는커녕 구시대적 정경유착과 관치 경제의 추억을 떠올립니다.

주물러

안종범 청와대 정책조정수석비서관이 재단법인미르와 K스포츠 재단을 위한 기금 출연 과정에서
전경련을 압박했다는 대기업 관계자의 녹취록이 공개됩니다.
기업의 자발적 모금이라는 주장이 거짓으로 밝혀지고 최순실 국정 농단의 실체가 그 모습을 드러냅니다.

난

군사 반란을 통해 집권을 시작한 박정희 정권은 재벌 중심의 성장 정책을 펼치는 과정에서
이후 환란과 국가 부도 사태를 겪게 되는 원인을 만들었습니다.
그리고 지금은 그의 후손이 나라를 큰 혼란에 빠트리고 있습니다.

저항과 순응

민중총궐기 집회에서 쌀값 인상 대선공약 파기 항의시위 중 경찰의 물대포에 맞아 의식불명에 빠졌던 농민 백남기 씨가 317일 만에 사망합니다. 정부는 경찰의 과잉 진압으로 평범한 농민을 사망에 이르게 한 데 대해 한마디의 사과도 없이 빈소에 대규모의 경찰 병력만을 출동시킵니다.

어험

최순실 비선 실세의 국정 농단 의혹이 커지는 가운데

박근혜 대통령은 "비상시국에 난무하는 비방과 확인되지 않은 폭로성 발언은 우리 사회를 뒤흔들고 혼란을 가중시키는 결과를 초래하게 될 것"이라며 북한이 제5차 핵실험을 벌인 한반도 위기 상황에서 여러 의혹은

국론 분열을 야기하고 사회를 혼란시키는 등 국익을 해치는 결과로 이어질 것임을 경고하고 나섭니다.

순실의 게임

2016년 10월 28일

앵벌이

2016년 10월 26일

레이저

순실의 게임

박근혜 대통령의 가방으로 유명해진 가방 제작사 대표이자 재단의 자금 횡령 창구로 지목되고 있는
더블루K의 이사인 고영태 씨가 대통령 연설문 유출사건 관련하여 검찰 조사를 받습니다. 호스트바 마담으로 활동하면서
최순실 씨의 최측근 실세로 성장한 고씨의 스토리까지 가세하면서 더욱 막장으로 굴러가는 드라마 '순실의 게임'입니다.

앵벌이

최순실 씨가 대통령의 연설문, 정부 인사, 정부 정책 등에 광범위하게 개입한 사실이 밝혀져
국민들이 충격과 허탈의 도가니에 빠져들고 있습니다. 막후 실세가 저지른 국정 농단의 범위가 어디까지인지
일반인의 상상을 뛰어넘는 세계가 드러나는 중입니다.

레이저

박근혜 대통령의 보좌관 출신인 정윤회 씨의 전처이자 고 최태민 목사의 딸인 최순실 씨가
대기업에게서 수백억 원을 출연받아 설립한 미르재단과 K스포츠 재단에 개입하고 청와대 비서진 발탁에도 관여했다는
의혹이 제기되지만 청와대는 "언급할 만한 일고의 가치도 없다"고 대응합니다.
비선 실세의 국정 농단 사실이 수면 위로 드러나고 있지만 청와대는 애써 무시하는 태도를 취합니다.

창조

우병우 청와대 민정수석비서관은 여러 비리 의혹에도 자리를 지키고
조윤선 문화체육관광부 장관 후보에게는 연간 5억 원의 생활비, 딸의 인턴 특혜 채용 등의 문제가 있음이 드러났으며
김재수 농림축산식품부 장관 후보는 황제 전세와 초저금리 대출, 모친의 차상위계층 등록과 의료비 부정 수급 등
다채로운 꼴을 보여 줍니다. 현 정권의 도덕성과 국정 운영 능력이 시궁창에 떨어져 뒹굴고 있습니다.

배신

우병우 민정수석의 비리 의혹이 불거진 상황을 청와대가 '부패 기득권 세력의 우병우 죽이기'라고 규정한 이후
새누리당 김진태 의원이 조선일보 송희영 전 주필의 유럽 출장을 폭로하고
청와대는 대우조선해양 고위층의 송 전 주필에 대한 로비 사실을 폭로하는 등 조선일보에 대한 집중 공격이 이어집니다.
오래전 정권에서도 배신자에 대한 처분은 가혹했습니다.

감시견

대우조선해양에서 수억 원대의 향응을 제공받은 조선일보 송희영 편집인 겸 주필이 결국 사직합니다.
채동욱 전 검찰총장의 혼외자 존재 사실을 밝혀내 현 정권의 미운털을 혼내 주던 밀월 관계는 어느덧 옛이야기가 되고,
이제는 부패 기득권 세력이라는 공격을 받는 처지가 되었습니다.

그네화

우병우 민정수석이 1300억 원대 처가 부동산을 넥슨에 팔았다는 사실이 드러나면서
넥슨과의 커넥션 의혹, 아들 병역 특혜 의혹 등으로 퇴진 압력을 받지만 자리를 굳건히 지키는 모습입니다.
청와대는 비리 의혹 요구를 우병우 죽이기로 규정하고, 수사는 우 수석 라인으로 구성된 특별수사팀이 진행합니다.
권력 실세가 컨트롤타워를 흔들고 법치주의가 휘청대는 때,
15년 만에 발생한 콜레라가 메르스 공포의 기억을 되살리며 국민 건강을 흔들고 있습니다.

부전여전

박근혜 대통령이 우병우 민정수석에 대한 해임 요구를 묵살하고 있는 가운데 청와대 관계자는
"일부 언론 등 부패 기득권 세력과 좌파 세력이 우병우 죽이기에 나섰지만, 현재까지 우 수석 의혹에 대해 입증된 것이 없다"며
오히려 공직자 비리 방어에 나섭니다. 거꾸로 뒤집힌 세상에서 살아가야 하는 국민들의 삶이 힘겹습니다.

충성

박근혜 대통령이 총선 이후 4개월 만에 소폭의 개각을 실시하지만 해임 요구를 받고 있는 우병우 민정수석은 자리를 지키고,
여성가족부 장관과 청와대 정무수석비서관을 지낸 조윤선 전 장관이 문체부 장관으로 지명됩니다.
총선 결과를 통해 나타난 민심은 외면하고 충성심에 주목한 개각입니다.

흔들

각종 의혹을 지닌 우병우 민정수석에 대한 사퇴 여론, 사드(THAAD, 고고도 미사일 방어 체계) 배치에 대한
반대 여론이 들끓는 상황에서도 박근혜 대통령은 요지부동입니다.
덕분에 우리 사회의 도덕성과 경제만 무너지고 있을 뿐입니다.

지켜야 한다

아들의 보직 특혜와 처가 부동산 매매 의혹 등에 휩싸인 우병우 민정수석에 대한 해임 요구가 빗발치지만
박근혜 대통령은 침묵으로 답할 뿐입니다. 오로지 자신의 권력을 수호하기 위해 나라를 혼란으로 이끌고 있습니다.

대륙 간 거부권

에티오피아를 방문 중인 박근혜 대통령이 전자결재를 통해 국회법 개정안에 대한 거부권을 행사합니다.
머나먼 아프리카 대륙에서도 대한민국 국회의 발목을 잡을 수 있습니다.

돌격 앞으로

대통령이 "전체 책을 보면 그런 기운이 온다", "학생들이 바른 역사를 배우지 못하면 혼이 비정상이 될 수밖에 없다" 등
연이은 모호한 발언으로 국민의 영혼을 붕괴시킵니다.
법과 원칙을 초월한 절대적 권력과 종교적 권위를 지닌 모습으로 총선에 친박 측근들을 대거 투입시키고 있습니다.

총에서 멍으로

꿈

멍

총에서 멍으로
사드 배치 장소가 경북 성주로 결정된 이후 박근혜 정부의 핵심 지지층인 경북 지역이 돌아서고 있습니다.
대통령 당선에 기여한 지역민들에게 사드 배치라는 뒤통수로 보답한다는 분노의 목소리가 드높습니다.

꿈
이원종 청와대 비서실장이 국회운영위원회 전체 회의에서 "대통령께서는 잠자는 시간을 제외하고는 100퍼센트 일하고
계신다"며 "그분 마음속에는 대한민국 발전과 국민 외에는 없는 걸로 안다"고 강조해 아부의 달인이라는 평가를 받습니다.
청와대 홍보실장이 방송국 보도국장에게 전화해 방송 변경 압력을 넣고 비판 세력을 종북몰이로 탄압하는 등으로
국정을 운영하는 방식은 철권통치가 이뤄지던 흑백텔레비전 시대를 꿈꾸며 비몽사몽간에 일하는 것으로 보일 뿐입니다.

멍
가습기 살균제 사건에 대해 윤성규 환경부 장관이 이는 기업과 개인 간의 문제라고 언급하고, 새누리당 권성동 의원이
"교통사고와의 형평성에 문제가 있다"고 말하는 등 유해 물질 관리에 실패한 정부와 여당이 책임을 회피하는 가운데
피해자의 고통은 더욱 커져만 갑니다. 국민의 생명과 건강이 위협받는 현실 앞에서도
정부는 기업의 브레이크 없는 탐욕을 방치하고 더 나아가 규제 완화라는 이름으로 이를 부채질하는 모습을 보입니다.

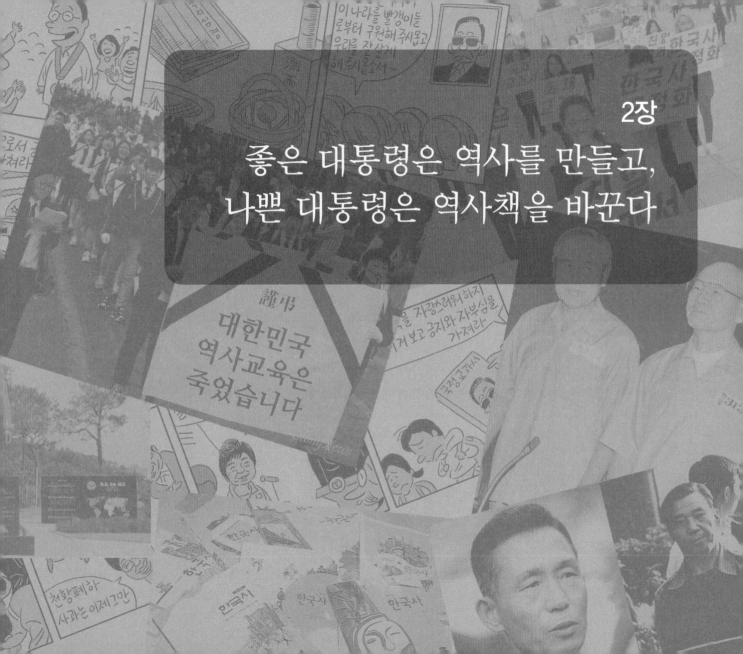

2장

좋은 대통령은 역사를 만들고,
나쁜 대통령은 역사책을 바꾼다

사망 원인

백남기 농민을 사망에 이르게 한 물대포 진압에 대한 진상 규명과 가해자 조사가 이루어지지 않는 가운데
주치의인 백선하 서울대병원 교수는 백남기 농민의 사망진단서에 사인을 병사라 기재하였고
경찰은 부검 영장 집행을 강행할 태세입니다. 기득권을 지키기 위한 정권의 무자비한 진압은 계속됩니다.

박근혜 대통령이 광복절 기념사에서 "우리의 위대한 현대사를 부정하고 세계가 부러워하는 우리나라를 살기 힘든 곳으로 비하하는 신조어가 확산되고 있다. 자기 비하와 비관, 불신과 증오는 결코 변화와 발전의 동력이 될 수 없다"고 말합니다.
'흙수저', '헬조선' 등 최근 청년들이 힘든 현실을 묘사하는 데 사용하고 있는 용어에 대한 반박입니다.
국가 파시즘을 바탕으로 국민을 전쟁터로 내몰았던 시절 동원되었던 방식이 지금도 우리 사회에 살아 있습니다.

만세

지난해 사면된 최태원 SK그룹 회장에 이어 1600억 원대를 횡령, 배임, 조세 포탈한 혐의로 복역 중인 이재현 CJ그룹 회장이 광복절에 특별사면됩니다. 일제의 억압에서 벗어나 광복을 맞은 지 71년이 지난 지금, 즐겁게 만세를 부를 수 있는 사람은 많지 않습니다.

반복

  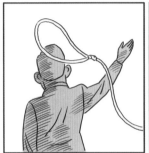 

유권자의 힘으로 집권당에게 참패의 굴욕을 안겨 준 총선 직후 맞이하는 4·19혁명 56주년이 의미 있게 다가옵니다.
시대는 역사에서 교훈을 얻지 못하는 자들에게 심판을 내립니다.

궁금해

노태우 전 대통령 아들 노재헌 씨가 2012년 조세 회피처인 버진아일랜드에 세 개의 페이퍼컴퍼니를 설립한 것이 드러나면서
노 전 대통령의 비자금이 다시 주목받습니다. 군사독재 부패 정권 시절의 그림자가 아직까지 길게 드리워져 있습니다.

투표층

더불어민주당과 국민의당이 보수층 표를 잡기 위해 경쟁 중입니다.
한국의 투표층은 보수 성향이 지배적인 현실이기 때문입니다.
투표는 하루에 이루어지지만 투표층은 오랜 세월에 걸쳐 만들어집니다.

국민 통합

황교안 국무총리가 제68주년 제주 4·3 희생자 추념식에서 "국민 행복의 새로운 시대를 열어 가기 위해
계층 간, 세대 간, 이념 간 갈등을 해소하고 국민 통합을 실현하는 데 진력하겠다"고 밝힙니다.
말한 대로 얼마나 실천하느냐가 중요할 것입니다.

시대를 만드는 사람들

2016년 3월 31일

세상은 끊임없이 변화하면서 역사를 만들어 갑니다.
강물처럼 유유히 흘러가지 않고 인간들의 저항과 억압, 이성과 탐욕의 걸음으로 힘겹게 움직여 나갑니다.

헬선사시대

박근혜 대통령의 낙하산 인사 당사자인 방석호 아리랑 TV 사장이 가족을 해외 출장에 동반하고
가족과의 식사에 법인 카드를 남용한 사실이 드러나 지탄을 받고 있습니다.
방 사장은 박 대통령의 유엔 기조연설 중계를 위한 뉴욕 출장 중 최고급 캐비아 전문점에서 113만 원,
스테이크 전문점에서 94만 원, 이탈리아 음식점에서 26만 원, 한식당에서 12만 원 등을 법인 카드로 결제했습니다.
언론을 권력자의 비위 맞추기나 개인의 향락을 위한 도구로 인식하는 무리가 넘쳐 나는 시대입니다.

국정 역사 교과서 집필진을 공개하지 않음으로써 교과서 밀실 집필이라는 우려를 낳은 교육부가
편찬 기준마저 비공개 방침임을 밝힙니다. 교육부와 국사편찬위원회는 국정화 방침을 확정하면서
제작 전 과정 공개를 약속했지만 집필진에 이어 편찬 기준까지 비공개를 고집합니다.

내 자식

열한 살 소녀가 부모의 감금과 굶주림을 견디다 못해 탈출한 사건에 이어
한 아버지가 일곱 살 아들을 두 시간 동안 폭행해 숨지게 한 뒤 부인과 시신을 훼손하고 유기한 사건이 큰 충격을 주고 있습니다.
꽃으로도 때릴 수 없는 아이들에게 이 사회는 잔혹하기만 합니다.

효도

역대 어느 정부도 못한 경제민주화 달성

역대 어느 정부도 못한 위안부협상 타결

송구하오나 부족한 점도 있습니다

효도는 아무리 하여도 부족한 것이옵니다

서울 중구 박정희 기념공원 재추진

서울 중구가 '동화동 역사문화공원 및 주차장 확충 계획'을 세우고 이에 100억 원 가까운 예산을 편성했다고 밝혀
박정희 전 대통령 기념 공원 건립 사업을 구 자체 예산으로 재추진한다는 논란이 일고 있습니다.
이는 총사업비 314억 원, 완공 시기 2018년으로 계획되어 있는 사업입니다.
각하를 향한 충성심이 21세기에도 어두운 그림자를 짙게 드리웁니다.

피곤

해외순방 강행군으로

귀국하면
반독재 민주투사 YS 영결식
피곤

꿈에서 귀환하면 40년 시차 부적응
종북테러 박멸하고 한강의기적 만드세

관심

김영삼 전대통령 서거를 계기로

우리나라 민주화역사에 관심

지각하겠다
학교

관심은 짧고 교과서는 길다
국정 교과서
민주화도 각하의 혁명 덕택
강의 기적
읽지 마

머리

피곤

박근혜 대통령이 고 김영삼 전 대통령의 영결식장에 불참해 구설수에 오릅니다.

해외 순방 강행군으로 누적된 피로 때문이라는 청와대의 해명이 있지만 아버지 각하와 대척점에 있었던 정치인에 대한 개인적 감정을 내세운 것이 아니냐는 이야기도 나오고 있습니다.

큰길로 가는 것이 구설수를 부르지 않는다는 대도무문(大道無門)의 정신이 필요한 시절입니다.

관심

고 김영삼 전 대통령의 국가장 영결식이 11월 26일 국회의사당에서 거행됐습니다.

친일과 독재를 미화하는 역사 교과서 국정화가 이루어지는 시대에 고 김 전 대통령에 대한 관심이 유독 뜨겁습니다.

머리

김영삼 전 대통령의 서거로 김영삼 정부 시절 추진했던 역사바로세우기가 다시 주목받고 있습니다.

구 조선총독부 건물을 철거하고 상해임시정부를 건국의 법통으로 분명히 세웠으며

전두환, 노태우 씨를 구속시키기도 했습니다. 그로부터 세월은 흘렀는데 역사의식은 후퇴하고 있습니다.

남겨진 문제들

2016년 새해가 밝았지만 지난해에 남겨진 문제들은 사라지지 않습니다.
새해를 맞이하면서 오가는 희망의 메시지가 공허하게 들리는 시대입니다.

흐뭇한 사람들

헬조선, 흙수저 등의 자조와 함께 서민들의 눈물로 젖은 2015년이 저물고 있습니다.
서민들은 빈손뿐이지만 일본 정부는 박근혜 정부에게서 위안부 문제 합의라는 큰 선물을 받은 해였습니다.

조선 시대

정부 여당의 시위 처벌 엄포와 복면금지법 추진에도 불구하고 주말 2차 민중총궐기 집회에 많은 시민이 참석해 서울시청 광장이 각종 가면을 쓴 행진 대열로 가득 찹니다. 신분제 시대의 가면 놀이가 다시 성행하고 있습니다.

폭도

백남기 농민이 경찰의 과잉 진압으로 중태에 빠지고 이에 대한 여론이 악화되자

여당 정치인들은 민중총궐기 집회에 참가한 시위대를 폭도로 규정하며 국면 전환을 노립니다.

새누리당 이한성 의원은 "시위 현장에서 아주 교묘하게 복면을 쓰고 선글라스를 쓰고 떼로 몰려다니면서

특정 민주노총(전국민주노동조합총연맹) 위원장을 호위해 가면서,

새총까지 갖고 다니는데 선진국에서는 상상도 할 수 없다"고 주장합니다.

국정 역사 교과서의 집필진을 공개하지 않고

역사 왜곡을 통해 3·1운동으로 시작한 대한민국의 정통성을 파괴하는 것이야말로 폭도의 행태입니다.

정상과 비정상

공정하고 투명한 과정으로 교과서를 만들겠다던 정부의 약속을 팽개치고
국사편찬위원회가 국정 역사 교과서 집필진과 응모 숫자를 비밀에 부치고 교육부도 편찬 심의위원을 공개하지 않기로 해
밀실 편찬에 대한 비난이 거셉니다. 비정상적 혼이 스며드는 것을 우려해 철저히 봉인된 밀실에서
그들만의 올바른 역사를 기록하고 있습니다.

자긍심

정부가 교과서 국정화의 주된 명분으로 내세우는 것이 자학 사관 극복과 국가에 대한 자긍심 고취입니다.
그러나 앞장서서 자학하고 모멸감을 심어 주는 사람들이 바로 이 나라의 권력층입니다.

국사편찬위원회가 새 역사 교과서의 대표 집필자로 고대사 전문가인 신형식 이화여대 명예교수와
고고학 전문가인 최몽룡 서울대 명예교수 두 명의 명단을 발표하지만 근현대사 등 나머지 공동 집필자를 공개하지 않아
비난이 일고 있습니다. 현 정부가 폐쇄적이고 고집불통인 어떤 집단을 갈수록 닮아 갑니다.

붙여

역사 교과서 국정화를 반대하는 여론이 압도적임에도 불구하고 정부는 국정교과서 확정 고시 시한을 앞당겨
발표를 강행합니다. 황교안 국무총리는 현행 교과서가 북한에 호의적이고 대한민국을 부정하는 방향으로 서술되어 있다며
교과서 국정화의 필요성을 설파합니다. 상식적 논의를 배제하고 분단의 아픔을 이용해
반대 의견을 이적 행위로 몰아붙임으로써 이익을 추구하는 권력 집단의 전통적 방식이 질긴 수명을 이어갑니다.

할로윈데이

10월의 마지막 밤, 젊은이들이 저마다의 상상력을 동원한 기괴스러운 차림으로 할로윈데이를 즐깁니다.
친일과 독재의 악령, 국정교과서의 유물 등 상상을 초월한 엽기적인 모습들이 매일같이 활보하는 이곳에서라면
할로윈데이도 그리 특별하지가 않습니다.

자부심

정부의 국사 교과서 국정화 추진은 뉴라이트 그룹이 오랜 기간 진행해 온 역사 전쟁을 기반으로 합니다.
민중의 시각에서 형성된 역사관을 자학 사관이라 매도하고 지배 세력 중심의 사관을 긍지와 자부심 또는
애국심이라는 감성으로 정당화함으로써 친일과 군사독재 재벌가문으로 이어지는 기득권 집단의 지배를 영속시키려 합니다.

정부의 국사 교과서 국정화 강행에 대한 비판이 거센 가운데 박근혜 대통령의 10년 전 한나라당 대표 시절 발언이
주목받고 있습니다. 2005년 당시 노무현 정부가 한일 협정 관련 문서를 일부 공개하면서
박정희 정부의 굴욕적인 대일 협상으로 일제하 징용자 등 피해 당사자들의 청구권이 박탈당했다는 비판이 확산되자
한나라당 대표였던 박 대통령은 신년 연설에서 "역사에 관한 일은 국민과 역사학자의 판단이다. 어떤 경우든
역사를 정권이 재단해서는 안 된다. 정권의 입맛에 맞게 한다는 의심을 받을 수밖에 없다"고 주장한 것입니다.

박근혜 대통령은 국회 시정연설에서 "우리는 지난 역사 속에서 나라를 빼앗긴 뼈아픈 상처를 갖고 있다.
대한민국의 미래를 위해서도, 통일에 대비하기 위해서도, 급변하는 국제 정세 속에서 확고한 국가관을 가지고
주도적 역할을 하기 위해서도 역사교육을 정상화시키는 것은 당연한 과제이자 우리 세대의 사명이다.
앞으로 올바른 역사 교과서를 통해 분열된 국론을 통합하고, 우리 아이들에게 대한민국의 자부심과 정통성을 심어 줄 수 있도록
각고의 노력을 다해 나갈 것"이라며 역사 교과서 국정화를 강행하겠다는 의지를 보입니다.
국민에게 고통을 안겨다 준 독재 정권에 대한 자긍심을 심으려는 의도가 아닌지 우려하는 사람이 많습니다.

셀프

정부가 국정교과서를 추진하기 위해 비밀 태스크포스를 조직해 가동시키고 있었다는 사실이 드러나 충격을 줍니다.
국정화 비밀팀의 사무실이 있는 국립국제교육원에서는 현장 확인을 시도하는 야당 의원들과 경찰이 대치해
국정원 직원 오피스텔 셀프 감금 사태를 연상케 합니다. 숨길 것 많은 현 정권은 MBC 〈100분 토론〉의 진행자였던
정연국 시사제작국장을 청와대 신임 대변인으로 임명하는 등 방송 장악을 게을리하지 않습니다.

청와대와 여야 지도부가 만난 5자 회동에서 박근혜 대통령은 현행 검정 교과서에 대해
"우리 역사를 스스로 비하하는, 자신감을 잃게 만드는 역사 서술, 대한민국 정통성을 부인하고
책을 읽어 보면 대한민국에 태어난 것을 부끄럽게 여기게끔, 우리 역사는 부끄러운 역사인 것으로 기술돼 있다"고 비난하며
국정교과서 강행의 뜻을 굽히지 않습니다.
이종걸 새정치민주연합 원내 대표가 "부끄러운 역사로 보이는 게 어떤 부분인가" 하고 묻자
박 대통령은 "전체 책을 다 보면 그런 기운이 온다"고 주장합니다. 유체 이탈에 이어 관심법의 능력까지 발휘하십니다.

북한식

정부와 여당은 주체사상, 토지개혁 등 북한의 주장을 반영해 편향되게 서술한 고교 검인정교과서들의 내용을 바로잡기 위해
한국사 교과서를 국정화해야 한다고 주장합니다.
대한민국 정부가 교과서 국정제를 채택하고 있는 몇 안 되는 나라 중 하나인 북한을 따르는 모습입니다.

훌륭한 가문

맷값 폭행, 땅콩 리턴 등 대한민국 로열패밀리 2세, 3세 들의 안하무인격 갑질 행태는 국민에게 이미 익숙한 양상입니다.

선조의 어두운 과거를 지우고 미화하는 작업이야말로 부당한 권력의 피해자에게 거대한 폭력을 행사하는 슈퍼 갑질입니다.

변신

인턴 성추행 파문 이후 칩거 생활을 해온 윤창중 전 청와대 대변인이 김포 자택 주변에서 한 인터넷 언론의 카메라에 포착됩니다.
존 레논을 연상시키는 헤어스타일에 캐주얼 복장을 하고 있는 모습으로 화제의 대상이 된 윤 전 대변인은
성추행 혐의에 대한 공소시효 만료를 앞두고 활동 재개를 위한 워밍업에 들어간 듯한 모습입니다.

무릎 꿇은 이유

정부가 역사 교과서 국정화를 강행함에 따라 이에 대한 반대 여론이 거세지는 가운데

새누리당은 현행 교과서가 주체사상을 옹호하고 있다는 억지 주장을 동원하며 이념 공세를 폅니다.

집권 세력을 중심으로 자행되는 구시대적 종북몰이와 친일 독재 세력 옹호 행태가 멈출 기미를 보이지 않습니다.

경제민주화 공약 등으로 좌클릭의 모습을 보여 주며 집권에 성공한 박근혜 정권이 갈수록 그 본색을 노골화하고 있습니다.

효녀

새 국정 역사 교과서를 책임지는 국사편찬위원회의 김정배 위원장은
전두환 정권 시절 12·12 쿠데타와 광주 학살을 미화했던 국정 역사 교과서를 펴낸 국사편찬위원회의 연구위원이었으며
임시정부의 정통성을 부정하는 것으로 보이는 인물입니다. 많은 시민이 역사의식과 교육의 퇴행을 우려하지만
일제와 독재에 협력해 기득권을 키워 온 집안들은 부와 권력뿐 아니라 역사적 정당성까지 얻을 수 있다는 기대에 차 있습니다.

자학의 역사

2015년 10월 13일

정부가 중·고등학교 국사 교과서를 2017년부터 국정화하겠다는 방침을 공식 발표합니다.
황우여 교육부 장관은 역사적 사실에 입각하고 균형 잡힌 '올바른 역사 교과서'를 만들겠다고 강조합니다.
쿠데타를 쿠데타라 부르지 못하고 독재를 독재라 부르지 못하는 현 정권의 역사 교과서 국정화 작업을
향후 역사가들이 어떻게 기록할지 두렵지 않은 자세입니다.

꽃

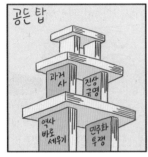

정부와 여당이 역사 교과서 국정화를 위한 본격적인 여론몰이에 나섭니다.
고영주 방송문화진흥회 이사장은 "국사학계의 90퍼센트가 좌익"이라는 발언으로
친일과 독재를 미화하는 교과서 국정화 움직임에 힘을 실어 줍니다.
식민지 시대와 독재 시대를 그리워하는 세력들이 역사의 물줄기를 거꾸로 돌리려 하고 있습니다.

전통

일본에서 노벨 생리·의학상 수상자가 나온 데 이어 2년 연속 노벨 물리학상 수상자가 배출됩니다.
이로써 일본은 21회라는 노벨 과학상 수상 기록을 갖게 되었습니다.
가까운 이웃 나라의 잔치 소리가 멀게만 느껴집니다.

살려 내라

2016년 6월 10일

망각

2016년 5월 18일

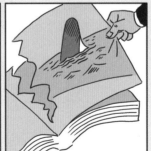

기적

살려 내라
시민의 힘으로 군사독재 정권의 몰락을 가져온 6·10 항쟁 이후 29년이라는 세월이 흐른 지금도
청년들의 억울한 희생은 계속됩니다. 총칼보다 위력적인 자본 권력의 약탈 구조 속에서
민중의 자유를 위한 끊임없는 노력이 요구되고 있습니다.

망각
국가보훈처가 5·18 기념식에서 〈임을 위한 행진곡〉 제창을 불허하기로 결정합니다.
과거를 망각하고 미래만을 이야기하는 것으로는 올바른 미래를 만들어 나갈 수 없습니다.

기적
많은 기적을 이루고 쌓아 올린 대한민국의 역사에 박근혜 정부는 또 하나의 기적을 만들려 하고 있습니다.
산업화의 기적도 민주화의 기적도 아닌 파괴와 퇴행을 부르는 기적입니다.

3장
왜 부끄러움은 우리의 몫인가

지록위마(指鹿爲馬)

문재인 전 더불어민주당 대표가 노무현 전 대통령의 비서실장 시절, 유엔의 북한 인권 결의안 표결 전에 북한의 의견을 구했다는
송민순 당시 외교통상부 장관의 회고록을 두고 이정현 새누리당 대표는 "북한과 사실상 내통한 것"이라고 공격합니다.
단식투쟁을 벌였던 이정현 대표가 주군 구하기에 또다시 몸을 던지고 있습니다.

쓰나미

박근혜 대통령이 국군의 날 기념사에서 "북한 주민 여러분들이 희망과 삶을 찾도록 길을 열어 놓을 것입니다.
언제든 대한민국의 자유로운 터전으로 오시길 바랍니다"라고 북한 주민에게 탈북을 권유하는 이례적 발언을 합니다.
북한은 이에 반응해 막말을 동원한 비난을 퍼붓습니다. 위기의 박근혜 정권이 이제 기댈 곳은 김정은뿐입니다.

의혹에는 의혹으로

박근혜-최순실 게이트 의혹이 커지는 가운데 이정현 새누리당 대표가
정세균 국회의장의 사퇴를 주장하며 여당 대표로는 유례없는 단식 농성에 들어갑니다.
문 닫은 방에서 비공개로 진행되는 단식이라 각종 추측이 쏟아지고 있습니다.

 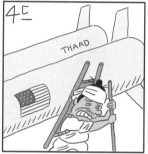  

검찰은 특별수사팀을 만들고 우병우 청와대 민정수석과 이석수 특별감찰관을 동시에 수사하기로 결정하지만
특별수사팀장은 우 수석 라인이고, 우 수석은 수사 상황을 보고받는 민정수석 자리를 지키며 수사를 받게 됩니다.
그럼에도 특별수사팀장은 중립적이고 공정하게 의무를 다할 것이라고 말합니다. 국민들은 헛웃음을 지을 뿐입니다.

또 왔네

새누리당이 전당대회를 통해 친박계의 핵심인 이정현 의원을 대표를 선출합니다.
총선 참패로 대대적 혁신을 요구받은 새누리당이 도로 친박당으로 돌아옵니다.

포켓몬

증강현실 기반 모바일 게임 '포켓몬 고(GO)'의 인기가 전 세계를 휩쓸고 있지만
지도 반출 규제로 정식 서비스가 되지 않는 한국에서는 일부 지역에서만 가능한 것으로 밝혀져
게이머들이 불편을 호소하고 있습니다.
그러나 절대 권력자에게는 언제나 포켓몬 고를 즐길 수 있는 환경입니다.

한국형 포켓몬 고

미국의 사드 배치를 반대하는 경북 성주 주민들이 서울역 광장에서 대규모 집회를 엽니다.
정부의 일방적 사드 배치 결정에 대한 분노의 함성이 하늘을 찌르지만
박근혜 정부의 눈에는 종북 외부 세력의 준동으로 비칠 뿐입니다.

벌떡

법원이 특수공무집행방해치상, 집회 및 시위에 관한 법률 위반 등의 혐의로 구속 기소된
한상균 전국민주노동조합총연맹(민주노총) 위원장에게 징역 5년 및 벌금 50만 원을 선고합니다.
재판부는 "일부 시위대가 밧줄로 경찰 버스를 묶어 잡아당기고 경찰이 탄 차량 주유구에 불을 지르려 시도하는 등
민중총궐기 집회 당시 폭력적인 양상이 심각했다. 한 위원장이 불법행위를 지도하고 선동해 큰 책임이 인정된다"고 밝힙니다.

악어새

새누리당 이정현 의원이 청와대 홍보수석비서관으로 재임하던 시절,
KBS 보도국장에게 전화를 걸어 세월호 참사 보도에 대한 압력을 행사했던 녹취록이 공개됩니다.
이원종 대통령 비서실장은 홍보수석으로서 통상적인 업무 협조를 요청한 것으로 본다고 주장합니다.
권력과 방송의 유착이 통상적으로 이루어졌다는 고백입니다.

온다

신공항 건설 공약 백지화 이후 집권 여당의 전통적 지지 기반인 영남 지역의 여론이 급속히 악화되고 있습니다.
그러나 대통령은 김해공항 확장이 신공항 건설이라고 주장함과 동시에
북의 미사일 시험 발사는 한국에 대한 도발임을 강조합니다.

꽝

대선공약이었던 동남권 신공항 건설 계획으로 지역 간 갈등이 심화되고 정치적 부담이 일어날 조짐이 보이자
정부는 기존 계획을 백지화하고 김해공항을 확장하는 것으로 결론을 냅니다.
청와대는 확장되는 김해공항이 신공항이므로 공약 파기가 아니라는 주장을 펼치고
신공항에 베팅한 외지인 투기꾼과 지역 언론은 곡소리를 내는 가운데 밀양과 가덕도의 농민과 어민은 평온하기만 합니다.

5·18 기념식에서 〈임을 위한 행진곡〉 제창을 불허했던 국가보훈처가

이번에는 5·18민주화운동 당시 진압군이었던 제11공수특전여단을 6·25 기념행사의 군사 행진에 참여시키려 한 사실이 드러나

야 3당이 박승춘 국가보훈처장에 대한 해임 촉구 결의안을 공동 발의키로 하는 등 비난 여론이 높습니다.

군사 쿠데타에 대한 우호적 입장을 과시하는 것이 이 시대를 잘 살아가는 그들의 처세 방식입니다.

장어

검찰이 이명박 정부 시절의 수혜 기업인 대우조선해양과 롯데그룹에 대한 수사를 본격화하고 있어
집권 후반기의 레임덕을 막기 위해 전 정권을 털기 시작했다는 분석이 나옵니다. 그러나 부패와의 전쟁을 선포하며
이명박 정권의 친이계를 겨냥했던 이완구 전 총리 자신과 친박 실세들이 뇌물죄로 무너진 바 있듯이 이명박근혜는 한 몸입니다.

반반

박근혜 대통령은 이원종 대통령 직속 지역발전위원회 위원장을 신임 대통령 비서실장으로 임명합니다. 이원종 신임 비서실장은 차기 유력 대선 후보인 반기문 유엔 사무총장과 충청 모임 '청명회'에서 함께 활동하며 두터운 친분을 쌓아 온 것으로 알려져, 이번 인사가 박 대통령이 반 총장을 차기 대선 후보로 영입하기 위한 포석이 아니냐는 관측을 낳고 있습니다.

흔들어

돈

잊지 말자

흔들어

경북 경주에서 규모 5.8의 강진이 발생하자 한국이 더 이상 지진 안전지대가 아니라는 공포감이 확산되고 있습니다.
일부 학교에서는 야간 자율 학습을 진행하던 학생들에게 지진에도 불구하고 "가만히 있으라"고 한 사실이 알려져
지진보다 무서운 고질적 안전 불감증이 또다시 확인됩니다.

돈

박근혜 대통령은 편집 · 보도국장 오찬 간담회에서 4 · 16세월호참사 특별조사위원회 활동 기한을 세월호 인양이 이뤄지는
7월 이후까지 보장하는 것에 대해 "그동안 재정이 150억 원 정도 들어갔고, 또 그것을 정리하는 작업에 추가로 재정이
들어갈 것이다. 인건비도 거기서 한 50억 원 썼다고 알고 있다. 기한을 연장하느냐 하는 것은 국민 세금이 많이 들어가는
문제이기 때문에 국회에서 잘 협의해 판단할 문제"라고 언급하며 특별조사위원회 활동에 대한 부정적 인식을 드러냅니다.

잊지 말자

4 · 16 세월호 참사 2주기를 앞두고 희생자들을 기억하기 위한 추모제가 시민 단체를 중심으로 곳곳에서 준비되고 있습니다.
그러나 일부 학교는 세월호 리본 만들기를 하지 말라는 지시를 내리고, 경기 구리시는 시민 단체의 세월호 추모제를 위한
시청 앞 장소 사용 신청을 선거법 위반을 이유로 불허합니다. 추모의 자유마저 억압받는 현실을 우리는 살고 있습니다.

안 불렀는데

박근혜 대통령이 총선을 하루 앞두고 "북한 핵 문제와 대내외적인 경제 여건 악화를 비롯해 여러 가지 어려움을 극복하고 여기서 무너지지 않기 위해 민생 안정과 경제 활성화에 매진하는 새로운 국회가 탄생해야만 한다"며 국회 심판론을 펼쳐 막판까지 총선에 올인하는 모습을 보입니다. 선거법은 아랑곳 않는 선거 개입 발언으로 법 위에 있는 여왕임을 자랑합니다.

국회의원을 뽑는 총선이 다가오고 있습니다. 한 번만 살려 달라는 정치인들의 읍소가 쏟아지고 있지만
유권자들은 선거철이 지난 후에도 제대로 일하는 일꾼을 뽑아야 합니다.

계산

새누리당 대구 선거대책위원회 위원장인 조원진 의원이

유승민 의원 등 다섯 명의 대구 지역 무소속 후보에게 "박 대통령의 존영을 29일까지 반납하라"는 공문을 보낸 데 대해

유 의원은 "박근혜 정부가 잘되기를 바라는 마음에는 변함이 없다"며 반납을 거부하고

조 의원은 무소속 출마를 결정했음에도 사진을 걸어 두는 것은 박 대통령에 대한 조롱이라고 공격합니다.

사진 한 장을 두고 벌이는 정치인들의 싸움이 국민을 부끄럽게 만듭니다.

3박

공천을 둘러싼 여당 내분이 심화되는 가운데 박근혜 대통령은 북한의 잇따른 도발 위협에
"국민들의 안전에 조금이라도 문제가 생기지 않도록 전국의 경계 태세를 강화하라"고 지시합니다.
국내 문제를 해결하기 위한 만능의 처방입니다.

분신

국민의당이 비례대표 후보 공천을 두고 극심한 내홍을 겪고 있습니다. 김종현 선거관리위원장이 자진 사퇴한 데 이어
공천에서 탈락한 광주 서갑 정용화 전 광주유니버시아드 조직위원회 부위원장은
서울 마포 당사 앞에서 도끼를 꺼내 놓고 시위를 벌이기도 합니다. 새정치의 길은 멀고도 험합니다.

사이버 망명

새누리당이 단독으로 테러방지법 처리를 강행한 이후 텔레그램으로의 사이버 망명 행렬이 이어지고 있습니다.
여야 국회의원의 보좌진, 총선 예비 후보 캠프 실무자, 기업 홍보 담당자와 대관 업무 담당자 등이
대거 텔레그램에 가입한 것으로 알려집니다. 한 새누리당 측 관계자는
"테러방지법 제정 직후 지인들이 텔레그램에 가입했다는 텔레그램 알람이 하루 종일 울렸다"고 밝힙니다.

한 걸음 더

처음에 그들은 공산주의자를 잡으러 왔다. / 나는 아무 말도 하지 않았다. / 나는 공산주의자가 아니었으므로.
그들은 유대인을 잡으러 왔다. / 나는 아무 말도 하지 않았다. / 나는 유대인이 아니었으므로.
그들은 노동조합원을 잡으러 왔다. / 나는 아무 말도 하지 않았다. / 나는 노동조합원이 아니었으므로.

– 마르틴 니묄러, 〈그들이 왔다〉 중에서

독수저

새누리당이 일자리 창출을 통한 복지와 사회 격차 해소를 통해 흙수저의 계층 상승 이동을 위한 희망사다리를 구축하는 내용의
20대 총선 '공정 곱하기' 공약을 발표합니다.
쉬운 해고와 반인권 테러방지법을 추구하며 1퍼센트 기득권의 이익을 대변하는 정당이
과연 흙수저를 없앨 수 있을지 고개를 갸우뚱하게 됩니다.

더불어 물대포

더불어민주당이 테러방지법 저지를 위해 8일간 이어 온 필리버스터(무제한 토론)를 중단하기로 결정합니다.
국회방송 시청률을 불과 일주일 새 25퍼센트나 높이면서 정치에 대한 뜨거운 관심을 불러일으킨 필리버스터였으나
선거법 처리라는 정치 현실의 벽을 넘지 못하고 맙니다.

깨

국회의장에 의해 직권 상정된 테러방지법 제정안 표결 저지를 위한
야당 의원들의 필리버스터가 이어지는 가운데
박근혜 대통령은 "일자리를 더 늘려서 우리 청년들과 중·장년들에게 희망을 줄 방법을 뻔히 알면서도
법에 가로 막혀서 하지 못하니, 정말 자다가도 몇 번씩 깰 통탄스러운 일"이라면서 강도 높게 국회를 비판합니다.
국민들은 악법 통과를 우려하며 잠을 이루지 못하고 있습니다.

어제와 오늘

쟁점 법안 처리를 놓고 청와대와 국회가 갈등을 보이는 가운데 박근혜 대통령의 64번째 생일을 맞아
김종인 더불어민주당 비상대책위원장이 보낸 축하 난을 청와대가 세 차례나 거절했다가 뒤늦게 받아들이는 소동이 일어납니다.
옛정을 생각해 받기도 힘들 만큼 변심에 대한 괘씸죄가 컸던 모양입니다.

아스팔트와 콘크리트

2016년 1월 28일

문재인 더불어민주당 대표가 353일 만에 대표직을 내려놓고 평당원 신분으로 돌아갑니다.
최고위원들도 함께 사퇴하고, 새로 영입된 김종인 선거대책위원장이 비상대책위원장을 겸임하며 총선 체제로 돌입합니다.
야당이 운동권 정당이라는 비판의 화살을 이기지 못하고 중도적 색채로 위기를 극복하려는 시대입니다.

취퀸

권력

심판

취킨

박근혜 대통령이 언론사 편집·보도국장 오찬 간담회에서 4·13 총선 결과는 식물 국회를 유발하는 양당 체제에
염증을 느낀 국민이 3당 체제를 만들어 준 것이라고 강조합니다. 선거 전에는 끊임없이 개입 논란을 일으키며
진박 세력 구축에 공을 들이더니 참패 후에는 모든 책임을 떠넘겨 버리는 유체 이탈의 모습을 보이고 있습니다.

권력

여당이 선거에서 참패한 이후 경제민주화가 주목받고 있습니다. 김종인 더불어민주당 대표는 총선 승리 후
기자 간담회에서 "경제민주화와 포용적 성장의 길로 대한민국 경제 틀을 바꾸겠다"며 경제민주화 추진 의지를 밝힙니다.
국민은 그들이 선출한 정치권력이 자본 권력을 조정할 수 있기를 바라지만 재벌들은 콧방귀를 낍니다.

심판

4·13 총선 결과, 새누리당 122석, 더불어민주당 123석, 국민의당 38석, 정의당 6석, 무소속 11석으로 새누리당이 참패하고
더불어민주당이 제1당으로 올라섰으며 국민의당이 제3당으로 데뷔하는 드라마틱한 장면이 연출되었습니다.
오만한 집권 세력에 대한 민심의 분노와 제1야당에 대한 묵직한 주문이 담긴 선거 결과입니다.

전해라

이동관 전 청와대 홍보수석이 이명박 정부 시절 국정 참여 경험과 언론인 생활을 담은 회고록 출판기념회를 열면서
서울 서초을 출마를 공식화합니다. 이 전 수석은 "박근혜 대통령 말씀대로 진실한 사람이 되고 싶다"면서
"개인적으로 국가대표 국회의원이 하고 싶다"고 포부를 밝힙니다.
기념회에 참석한 이명박 전 대통령은 박근혜 정부 국정 운영에 대해 조언할 게 있느냐는 질문에
잘하고 있는데 무슨 조언을 하느냐고 반문합니다.
총선을 앞두고 친이계의 공천을 위해 몸부림치는 모습이 애처롭습니다.

위기론

김영삼 전 대통령에 이어 14대, 16대 국회의장을 지낸 이만섭 전 의원이 별세해 한 시대가 지나가는 것을 체감하는 요즘입니다.
과거에 비해 성장한 언론의 자유와 인터넷을 통한 정보의 민주화로 카리스마 정치가 통하는 시대는 지나갔지만
정당들이 이합집산을 하고 정권이 위기론으로 권력 유지를 꾀하는 속성은 크게 변하지 않았습니다.
안철수 의원의 새정치민주연합 탈당으로 정국이 요동치는 상황에서 정부 여당은 돌연 '국가비상사태'를 언급하며
'경제 위기론'을 내세웁니다. 박근혜 대통령은 노동 5법과 경제 활성화 법안 등이 연내 국회를 통과하지 않으면
경제가 위기 수준으로 악화될 것이라고 주장합니다.

박근혜 대통령이 테러방지법, 노동개혁법 등의 법안 처리를 촉구하며 "이 국회가 대체 누구를 위한 국회입니까?
앞으로 상상하기 힘든 테러로 우리 국민이 피해를 입게 됐을 때 그 책임이 국회에도 있다는 사실을 분명히 말씀드리고
국민이 그 책임을 물을 것"이라고 국회를 강도 높게 비난합니다.
한 나라의 대통령으로서 나날이 힘들어지는 민생에 대해 반성하고 참회하는 모습은 보이지 않고
마치 여왕처럼 꾸짖는 모습만 반복될 뿐입니다.

정

새정치민주연합 노영민 의원이 시집 《하늘 아래 딱 한 송이》의 출판기념회를 진행한 뒤
카드 단말기를 국회 의원회관 사무실에 놓고 석탄공사와 광물자원공사 등 산업통상자원위원회 산하기관에
책을 판매한 사실이 드러나 지탄을 받고 있습니다.
로스쿨 졸업 시험에 떨어진 아들을 구제하기 위한 압력 행사, 딸 취업 청탁 등
새정치민주연합 의원들이 당의 정체성뿐 아니라 도덕성에서마저 어떤 당을 따라잡기 위해 안간힘을 씁니다.

도와줍니다

새정치연합이 총선을 앞두고 당 주도권과 공천권을 위한 계파 간 힘겨루기의 나날을 보내고 있습니다.
구태의연한 당내 갈등의 모습을 보여 줌으로써 야당 지지자의 기대에 부응하지 못하고 있지만
사고뭉치 무능 집권 세력의 실정이 도움을 주는 모습입니다.

수저

김영삼 전 대통령의 서거 이후 김무성 새누리당 대표가 고 김 전 대통령의 빈소를 줄곧 지키며 '상주 정치'를 이어 갑니다.
김 대표는 김 전 대통령의 정치적 아들임을 자처하며 연일 김 전 대통령의 민주화 업적을 기리는 발언을 쏟아 내고 있습니다.
친일과 독재를 미화하는 교과서 국정화를 밀어붙이면서 민주화 투쟁에 대한 찬사를 늘어놓습니다.

수호3신

민중총궐기 집회에 참석해 쌀 수매가 인상 공약 이행을 촉구하던 전남 보성군 농민회 소속 백남기 농민이
경찰이 쏜 물대포를 맞고 중태에 빠집니다. 박근혜 정권의 폭력적 통치에 많은 사람이 희생당하고 있습니다.

마약

김무성 새누리당 대표가 한국사 교과서 국정화 논란과 관련해 "우리나라 학생들이 왜 김일성 주체사상을 배워야 하느냐.
이게 대한민국 역사 교과서의 현실이고, 이것을 바꾸자고 하는 것"이라고 강조합니다.
사위의 마약 투약 사건으로 곤경에 처한 김무성 대표가 마약보다 중독성 있는 색깔론을 꺼내 들고 있습니다.

무성~

안심번호 국민공천제로 청와대와 대립하여 주목을 받던 김무성 새누리당 대표가 꼬리를 내리는 모습입니다.
"더는 못 참겠다. 참는 것은 오늘까지다"라며 거부했던 당무도 하루 만에 재개하며
더 이상 국민공천제에 대한 언급을 하지 않겠다는 입장을 밝힙니다.
구린 곳이 많은 기득권일수록 무서운 것도 많은 법입니다.

하사품

19대 국회의원 선거를 앞두고 김무성 새누리당 대표가 문재인 새정치민주연합 대표와 합의한 안심번호 국민공천제에
청와대가 반발하고 있습니다. 군 장병에게 추석 선물로 김스낵, 멸치스낵, 전통약과의 세 종류로 구성된 특식을
'대통령 하사품'으로 명명하여 지급한 바 있는 청와대는 국회의원 후보를 뽑는 과정에서도 공천권을 하사하려는 듯합니다.

4장
어차피 민중은 개돼지?

달

계급 고착화와 자영업 붕괴, 청년실업 등 민중들의 고통은 풍성한 한가위를 거쳐도 사라지지 않습니다.
그러나 저 높은 곳에 사는 관료들의 눈에는 그들의 고통이 보이지 않습니다.

표절 코리아

홍만표 전 검사가 수사 무마 청탁 대가로 5억 원을 수수하고, 최유정 변호사는 전관예우에 따라 100억 원대 사건을
수임받았으며, 진경준 전 검사장은 넥슨 주식으로 120억 원대의 시세 차익을 얻고 수사 무마 대가로
처남 회사에 130억 원대의 일감을 몰아준 대한민국 법조계의 부정부패가 연이어 드러납니다.
시간당 6,000원대의 최저임금을 받는 노동자는 부패가 낳은 부실 현장에서 생명을 잃고,
사드 도입 강행으로 나라는 열강의 싸움터로 빨려 들고 있지만 스스로를 고귀한 신분이라고 생각하는 1퍼센트들은
탐욕에 눈이 멀어 있을 뿐입니다.

크리에이티브 코리아

문체부가 35억 원을 들여 만들었다는 국가 브랜드 '크리에이티브 코리아(CREATIVE KOREA)'가
프랑스 무역투자진흥청의 슬로건인 '크리에이티브 프랑스(CREATIVE FRANCE)'를 표절했다는 혐의를 받고 있습니다.
박근혜 정부는 출범 이후 줄기차게 '미래 창조', '창조경제' 등 크리에이티브를 강조합니다.
실상은 반인반신을 추앙하는 구시대적 사고방식만 격려를 받으며 융성 중입니다.

제3의 물결

미국의 미래학자 앨빈 토플러 박사가 87세의 나이로 별세합니다. 그가 1980년에 펴낸 《제3의 물결》에서
미래 사회가 고도 정보화 사회가 될 것임을 예고한 대로 수십 년이 지난 지금 우리는 급격히 진보한 통신 기술의 기반 위에서
과거에는 꿈꾸지 못한 소통의 확산과 정보의 공유를 경험하고 있습니다.
그러나 기술 문명의 발달과 보조를 맞추지 못하는 철학과 제도의 빈곤은
시간과 공간의 제약을 파괴한 노동의 압박, 시민들에 대한 권력의 효율적 감시, 한층 더 교활해진 정치 공작을 낳고 있습니다.

먼저 갑니다

영국이 국민투표를 통해 43년 만에 유럽연합(EU)에서 탈퇴하기로 결정함에 따라
전 세계가 충격에 빠지고 글로벌 금융시장이 요동칩니다.
유럽의 평화와 단합이라는 이상이 난민과 테러, EU의 관료주의 등의 현실에 부딪쳐 무너지고 있습니다.
불평등 심화를 가져온 신자유주의 세계화에 대한 반발이 좌우를 가리지 않는 방향으로 터져 나오는 것이기도 합니다.

대목

롯데그룹이 검찰의 전방위 수사에 맞서 주요 4대 로펌을 선임하며 변호인단 드림팀을 구성하고 있습니다.
서울중앙지방검찰청장을 지낸 천성관 변호사와 서울고등검찰청장 출신 차동민 변호사를 주축으로 팀을 꾸린 김앤장 법률사무소,
서울중앙지검장과 대구고검장 출신의 노환균 고문변호사를 앞세워 롯데정보통신, 롯데홈쇼핑, 롯데시네마 관련
변론 등을 맡은 법무법인 태평양, 대검찰청 차장을 지낸 박용석 변호사를 중심으로 대홍기획, 코리아세븐, 롯데칠성음료,
롯데알미늄, BNF 통상의 변호를 맡은 법무법인 광장, 부산고검장을 지낸 김홍일 변호사와 대검 수사기획관과
서울고검 형사부장 출신의 이두식 변호사를 내세워 롯데케미칼과 롯데상사 변호를 맡은 법무법인 세종 등
한국의 4대 로펌이 대목을 맞이합니다.

묻지마

구의역 승강장에서 19세 용역업체 직원이 스크린도어를 수리하다 전동차에 치어 숨지는 사고가 발생합니다.

고인의 가방에서 나온 작업용 공구들과 컵라면은 대한민국 청년 노동자의 힘든 현실을 보여 줍니다.

소외 노동자에 대한 야만적 착취 구조로 이루어진 사회가 저지르는 묻지마 살인은 지금도 계속되고 있습니다.

완성

박근혜 대통령이 아프리카 순방으로 취임 39개월 만에 6대주 외교를 완성합니다. 세계는 넓고 할 일은 많습니다.
헬조선의 구렁텅이는 깊고 신음하는 국민은 많습니다.

여자 때문

2016년 6월 8일

청와대 대변인 성추행사건 후
여성인턴 때문, 남자인턴 채용

신안 여교사 성폭행 사건 후
도서벽지에 여교사 때문, 남교사 발령

여자들 노출때문, 행실때문‥

봐라, 내 잘못 아니다
활동재개 윤창중

투쟁

2016년 5월 27일

임금인상하라
투쟁

귀족노조

여혐 사회 분노한다
투쟁

기득권 남성중심사회
남자혐오

강자여 따르라

2016년 5월 20일

여자 때문

3년 전 대통령의 미국 방문 수행 중 한국대사관 인턴을 성추행한 사건으로 경질됐던
윤창중 전 청와대 대변인이 SNS에 억울함을 토로해 주목을 받고 있습니다.
성추행 혐의에 대한 공소시효가 만료되자 은둔 생활을 접고 활동을 재개한 것입니다.
성범죄가 남성에게 관대한 풍토인 만큼 충분히 예상할 수 있었던 일입니다.

투쟁

강남역 인근 여성 살인사건 이후 "한국 사회에 뿌리 내린 여성 혐오를 바로 보고 고쳐 나가자"는 움직임이 여러 단체를
중심으로 확산되고 있습니다. 오랜 세월 억압된 존재가 벌이는 투쟁이니만큼 넘어야 할 산도 높습니다.

강자여 따르라

수십 년간 합당한 처벌을 받지 않고 오히려 황제 예우를 받아온 5·18 학살의 원흉이 자신에게는 책임이 없다고 큰소리를
치고 있습니다. 돈과 권력에 오염된 법이 수많은 폭력을 보호하고 정당화하는 현실은 범죄에 대한 불감증을 낳습니다.
강남역 인근 주점 화장실에서 23세 여성이 흉기에 찔려 살해당하는 사건이 일어납니다. 범인이 여자에게 무시를 당해
죽였다고 진술해 충격을 안겨 줍니다. 이 역시 병든 사회의 징후 중 하나입니다.

자율주행 자동차 기술 개발에 세계 각국이 뛰어들고 있는 가운데,
자동차 자율주행이 국가 연구개발(R&D) 사업을 추진할 전제 조건인 예비 타당성 조사를 통과해
한국 정부도 연구개발 프로젝트를 본격적으로 띄울 수 있게 되었습니다.
기술의 발달은 시장의 확장뿐 아니라 인간의 삶과 의식을 변화시키기도 합니다.

자판기

더불어민주당 윤후덕 의원의 로스쿨을 졸업한 딸의 취업 청탁, 신기남 의원의 로스쿨에 다니는 아들의 졸업 청탁이
논란을 일으킨 데 이어 최근 지방의 한 로스쿨 부정 입학 의혹이 일부 사실로 드러나
로스쿨이 고위직 자제의 신분 세습 통로로 이용되는 것 아니냐는 우려가 일고 있습니다.
오랜 세월 누적된 사법고시의 폐해를 극복하기 위한 로스쿨 제도의 공정한 정착이 요구됩니다.

검찰이 가습기 살균제의 유해성을 은폐했다는 의혹을 받고 있는 영국계 다국적기업 옥시레킷벤키저의 법률 대리인
김앤장 법률사무소에 대해서도 본격 수사에 착수하기로 결정합니다. 가습기 살균제 피해자들이 낸 민사재판에서
인체 연관성을 부인하며 시간을 끌어 온 옥시는 김앤장 법률사무소의 법률 자문을 거쳐 재판부에
"가습기 살균제 피해자들의 폐 손상은 황사와 세균 등 다른 이유에서 발병했을 가능성이 있다"는 의견을 제출하는 등의
비도덕적 행동을 일삼아 지탄을 받고 있습니다.

숨이 막혀요

교육은 실종되고 교육으로 포장된 수익 사업만이 번창하고 있습니다.

대학도 이미 영리를 최우선으로 삼는 기업으로 변질되어 사교육 사업과 함께 우리 사회의 경쟁심과 교육열을 부추깁니다.

가습기 살균제의 유해성을 숨긴 채 건강을 위한 상품으로 포장하여 매출을 올리는 자본의 힘은

교육 시장에서도 위력을 발휘합니다. 제어장치 없는 자본의 폭주가 연약한 어린이들부터 질식시키고 있습니다.

박근혜 대통령이 46개 언론사 편집·보도국장을 청와대로 초청해 오찬 간담회를 가집니다.
박 대통령은 남은 임기 동안 이번 선거에 나타난 민의를 잘 반영해서 변화와 개혁을 이끌고
각계각층과의 협력, 그리고 소통을 잘 이루어 나갈 수 있도록 각고의 노력을 다할 것이라고 말합니다. 물론 말뿐입니다.

어버이와 선배

대기업이 문제를 일으키면 언제나 대형 로펌이 그 방패가 되어 줍니다.

옥시가 김앤장 법률사무소의 자문을 받아 가습기 살균제 사용자의 폐 손상 원인이

봄철 황사 때문일 가능성이 있다는 취지의 의견서를 검찰과 민사사건 담당 재판부에 제출한 것으로 밝혀집니다.

전관예우의 로비력을 동원해 사회질서를 파괴하고 법의 공정성을 무너뜨리는 폭력 행위는

대한민국 어버이연합의 폭력과는 비교도 안 될 정도로 사회에 큰 해악을 끼칩니다.

국민 행복

전경련의 후원을 받은 대한민국 어버이연합이 탈북자를 세월호 반대 집회에 동원하고 일당 2만 원을 지급하는 등
권력층이 경제적으로 힘든 계층을 돈으로 이용하고 있는 현실입니다.

퇴화

종교적 권위를 앞세운 군주는 봉건영주에게 충성심을 요구하고 귀족계급은 노동자를 착취하며 호화로운 생활을 영위합니다.
노동자를 대변한다는 그룹은 귀족계급에 아부하며 힘을 키우려 합니다. 21세기 어느 민주공화국에서 벌어지는 일입니다.

한국형 알파고

이세돌 9단과 구글 딥마인드가 개발한 인공지능 컴퓨터 바둑 프로그램 '알파고'의 바둑 대결로 인공지능에 대한 관심이 높아지자 정부는 인공지능 기술 개발에 향후 5년간 1조 원을 투자한다는 계획을 밝힙니다.
그러나 이공계에 대한 지속적 투자와 장기적 플랜 없는 한국의 현실 속에서
단발적 관심과 무리한 정책추진이 과학적 성과는커녕 과연 어떤 부작용을 낳을지 우려가 앞설 뿐입니다.

찬박

대구에서 진박 예비 후보들이 출마한 지역을 골라 방문함으로써 선거 개입 비판을 받은 바 있는 박근혜 대통령이
부산에 가서도 진박 현역 의원과 예비 후보의 여론조사 경선 등이 진행되고 있는 곳을 골라 방문합니다.
비박계에 대한 대대적인 공천 학살, 보복 공천이 이뤄지는 가운데 진박들은 따사로운 여왕님의 사랑을 받습니다.

알파고의 친구들

특정 목표만을 위한 지적 능력을 강화하고 스펙을 쌓는 것이 최고의 가치라고 여기는 인간 사회에 미래는 없습니다.
그런 일들에 대해서는 인공지능이 인간을 넘어서는 시대가 오고 있기 때문입니다.

무념무상

이세돌 9단과 알파고의 바둑 대결에서 연이은 알파고의 승리가 인간의 자존심에 상처를 주고 있습니다.
희로애락의 감정 없이 무념무상의 경지인 알파고를 온갖 세상살이 스트레스에 시달리는 인간이 넘어서기는 힘들어 보입니다.

못 당해

구글 딥마인드가 개발한 알파고와 이세돌 9단의 바둑 대결에서 알파고가 승리해 놀라움을 던져 줍니다.
이미 주식 투자와 기사 작성 등 인류가 만들어 낸 도구로 만물의 영장인 인류의 자리가 위협받고 있는 가운데
인간의 마지막 자존심인 바둑에서 인류 대표가 기계 앞에 무릎을 꿇으며 뒤숭숭한 21세기를 열어 나가고 있습니다.

감옥

열한 살짜리 소녀가 부모에게 학대를 받다가 맨발로 집을 탈출한 일,
부모가 아들을 상습 폭행하다 숨지자 시신을 훼손하고 냉동 보관한 일 등 엽기적인 아동 학대 사건이 충격을 줍니다.
현대사회의 핵가족화와 파편화를 보완할 수 있는 사회적 장치가 없는 현실 속에서
자식을 인격체가 아닌 소유물로 여기는 부모의 폭력에 많은 어린이가 방치되어 있습니다.

인내

중학생 행복감 세계최하수준

취업 행복 위해 인내하자

직장인 노동시간 세계최고

노후 행복 위해 인내하자

노인빈곤 OECD 1위

2세 행복 위해 인내하자

캥거루

올림픽 보시고 더욱 인내하세요

재벌

불굴의 투혼과 인내로 성취한 금메달에 영광있으라

인내는 쓰고 열매는 달다

솔직

개패듯 하지만 국민을 섬기겠습니다

개죽음이라 여겨도 국민안전을 위해 최선을 다하겠습니다

돼지 살처분하듯 구조조정하면서도 경제위기 극복에 나서는 국민은 위대합니다

..라고 말해야지, 솔직한 친구 같으니라구

민중은 개돼지 파면

치킨공화국

인내

국제 구호 개발 NGO(비정부 국제 조직)인 세이브더칠드런과 서울대 사회복지연구소가 중학생을 상대로 조사한 결과, 한국 청소년의 주관적 행복감이 유럽, 남미, 아프리카 등 12개국 4만 2,567명 중 최하위인 것으로 나타납니다. 언제 올지 모르는 행복을 위해 현재의 고통과 인내를 요구하는 모습이 일상화된 사회에서라면 당연한 결과입니다.

솔직

"민중은 개돼지"라는 발언으로 파문을 일으킨 나향욱 교육부 정책기획관이 공무원의 품위를 손상시킨 죄로 파면됩니다. 앞으로는 더욱 조심하여 품위를 손상하지 않으면서 민중을 개돼지 취급할 것을 권력층은 다짐합니다.

치킨공화국

박근혜 대통령이 2016년 재정전략회의에서 "우리나라가 치킨공화국도 아니고 수많은 은퇴자가 잘 알지도 못하는 자영업에 내몰리기만 놔둘 수 있느냐. 은퇴 이후 재취업을 돕기 위해 파견법이 필요하다"며 비정규직 양산이 우려되는 파견법 개정을 촉구합니다. 창조경제를 실현하고 경제를 살리겠다는 박근혜 정권이 출범한 지 3년이 지났지만 이 정권은 경제난으로 신음하는 서민들에게 대통령의 불평만 던져 주고 있습니다.

감옥으로부터의 사색

신영복 성공회대 석좌교수가 향년 75세로 타계합니다.
감옥에서 20년을 보내면서 겪은 고통을 성찰의 메시지와 진리로 승화시킨 《감옥으로부터의 사색》이
헬조선에서 살아가는 많은 청년에게 깊은 의미로 다가와서인지 신영복 교수의 영결식에는 수많은 발걸음이 이어집니다.

상자

걸그룹 타히티의 멤버 지수가 스폰서 브로커의 제안을 폭로해 충격을 주고 있습니다.
지수는 자신의 인스타그램에 멤버십으로 운영되는 모임에서 한 타임당 200~300만 원까지 받을 수 있다는 내용의
메시지를 공개합니다. 이 폭로로 연예계 스폰서의 검은 실상이 다시 주목받습니다.

원숭이의 해

약육강식과 정글의 법칙이 지배하는 야만의 해가 아닌 사람의 해를 만들어 나가길 소망합니다.

노오력

박근혜 대통령이 청와대에서 열린 회의 중에
"누에가 나비가 돼 힘차게 날기 위해서는 누에고치라는 두꺼운 외투를 힘들게 뚫고 나와야 하듯이
각 부처가 열심히 노력하면 불가능하다고 생각되는 것도 이룰 수 있다"며 특유의 화법으로 부처를 독려합니다.
지금도 수많은 청년이 나비의 꿈을 꾸며 노오력을 강요당하지만
나방도 되지 못하고 번데기 상태로 삶아져 비단실만 착취당하고 버려집니다.

혼용무도

〈교수신문〉은 2015년의 사자성어로 '혼용무도(昏庸無道)'를 선정합니다.

혼용무도는 어리석고 용렬한 군주인 혼군(昏君)과 용군(庸君)을 함께 이르는 '혼용'과

세상이 어지러워 도리가 제대로 행해지지 않는다는 뜻의 '무도'를 조합한 표현입니다.

다 내놔

새누리당 박대동 의원이 자신의 비서관 월급을 매달 120만 원씩 떼어 13개월 동안 총 1500만 원을 상납받은 것으로 밝혀집니다.
강자가 약자의 모든 것을 털어 가는 시대입니다.

칠푼

고 김영삼 전 대통령은 저돌적 정치 행보와 맞물리는 '갱제', '씰데없는 소리', '버르장머리' 등의 파격적 어록을 많이 남겼습니다.
지난 대선 과정에서 남긴 '칠푼' 발언은 대한민국의 민주주의와 서민 경제가 칠푼어치로 추락할 것을
염려한 마음에서 비롯된 것으로 생각됩니다.

거산

닭의 목을 비틀어도

큰 길엔 (大道)

문이 없으니 (無門)

군정종식

하나회 해체

금융실명제

전노구속

거산을 남기고 떠나다

민주화

차벽

그래도 권력자는 작은길이 안전

김영삼 전 대통령이 향년 88세로 서거합니다. 군정 이후 열린 문민정부에서는 표현의 자유가 비약적으로 늘었습니다.
〈제3공화국〉, 〈모래시계〉 등 근현대사를 소재로 한 드라마가 만들어지고 대통령을 대상으로 한 풍자만화도 봄을 맞이하였습니다.

골품제 시대

2015년 11월 13일

총선을 앞두고 전직 청와대 참모와 현직 장관의 TK(대구, 경북) 출마설 및 물갈이 설이 도는 가운데
박근혜 대통령이 국회를 비판하며 "국민 여러분께서도 앞으로 국민을 위해 진실한 사람들만이 선택받을 수 있도록
해주시기를 부탁드린다"고 해 선거 개입 논란을 일으킵니다.
대통령의 발언 이후 '진실한 친박' 계급에 속한 정치인 목에 힘이 들어가기 시작합니다.

냅둬

권력기관에 의한 납치와 감금, 고문 통치는 사라진 시대이지만 선량한 시민들의 생존은 여전히 위협받고 있습니다.
기본적 복지와 안전장치 없이 정글의 법칙만으로 움직이는 이곳에서는 약간의 다른 생각과 저항만으로도
고문실에서보다 더욱 고통스러운 삶의 나락으로 추락하게 됩니다.

외인이 아닌 병

2016년 10월 12일

살아난 것

2016년 9월 30일

한국의 시시포스

외인이 아닌 병

외교력의 부재가 중국과 일본의 만행을 낳고 정책의 부재가 금수저들의 갑질을 낳고 있습니다. 헬조선의 현실입니다.

살아난 것

백남기 농민의 사인이 명백하고 유족이 부검을 원치 않음에도 검찰과 경찰, 법원은 부검을 강행하려 합니다.

박근혜 정권은 국민에 대한 폭력적 통치와 재단법인미르, K스포츠 재단 강제 모금이라는 노골적 정경유착을 부활시켰습니다.

한국의 시시포스

서울 도심에서 열린 민중총궐기 집회에 경찰이 최루액 등을 동원한 강경 진압으로 맞섭니다.

정부의 농업정책에 항의하기 위해 상경한 60대 농민은 경찰이 쏜 물대포를 맞고 중태에 빠집니다.

국가의 혼을 정상화하기 위해 민주주의를 혼수상태로 몰아넣고 있습니다.

5장
하야 없는 권력들

죽을 것

정세균 국회의장 사퇴 등을 촉구하며 국회에서 단식 농성을 벌여 온 이정현 새누리당 대표가 일주일 만에 단식을 종결합니다.
단식 중 위문을 온 의원들에게 "상황 변화가 없다면 나는 죽을 것"이라는 각오까지 밝혔으나
크게 달라지지 않은 모습으로 병원으로 이송됩니다.

옜다

땅속 나무뿌리 주변에서 자라는 송로버섯은 훈련된 개와 돼지의 후각으로 찾아 채집한다고 합니다.
개와 돼지의 노력으로 얻은 버섯의 향을 즐기는 인간의 모습 위에
노동자 민중이 일군 경제성장의 과실을 낙수 효과라는 주문을 외며 가져가는 특권층의 탐욕을 겹쳐 봅니다.

몰라요

여당 신임 지도부와 나눈 청와대 오찬의 호화 식단이 서민의 불쾌지수를 더욱 높입니다.

세계 3대 식재료 중 하나라는 송로버섯과 캐비아, 샥스핀 등 일반인은 구경하기 힘든 고가의 음식을 먹으며

긴팔을 입고 시원한 웃음을 보이는 대통령과 여당 지도부들이 무더위에 지친 서민을 더욱 지치게 합니다.

1세대들이 수단과 방법을 가리지 않고 축적한 황금으로 만든 금수저를 물려받은 2세, 3세 들에게

온실 밖 세상은 두렵지 않습니다. 나날이 계층의 틀은 견고해지기 때문입니다.

땀과 돈

그칠 줄 모르는 기록적 폭염은 전기료에 대한 공포와 분노를 낳습니다.
일반용이나 산업용 전기 요금이 계절에 따라 큰 차이가 없는 반면
가정용에만 적용되는 누진제가 폭염에 시달리는 서민의 부담을 가중시킨다는 지적이 일고 있습니다.

부자행

삼성서울병원 산부인과 교수가 수술 예정일에 학술회의 참석차 일본으로 출국하고
예정된 수술은 환자와 보호자에게 알리지 않고 다른 후배 의사가 맡은 것으로 드러나 충격을 주고 있습니다.
인간의 생명을 다루는 병원이 도덕성과 양심을 상실할 때, 잃는 것은 사람의 생명이고 얻는 것은 금전적 수익뿐입니다.

봉투

전두환 씨의 차남 전재용 씨가 탈세죄로 40억 원의 벌금형을 선고받았으나

기한 내 벌금을 내지 않고 노역장에서 봉투 접기 등을 하며 일당 400만 원의 황제 노역 중이라는 사실이 알려집니다.

감옥에 들어가서도 한국의 봉투 주고받기 폐단에 기여하고 있습니다.

아방궁 몰카

인터넷 언론 〈뉴스타파〉가 보도한 동영상이 인터넷을 뜨겁게 달구고 있습니다.
이건희 삼성전자 회장 자택과 안가라는 사실이 확인된 동영상 속 장소에 등장한
수억 원짜리 최고급 스피커와 수십억 원에 달하는 이우환 작가의 그림이 네티즌의 관심을 끕니다.
군사독재 정권의 궁정동 안가는 철거되어 사라진 지 오래지만 자본 독재 황제의 아방궁은 여전히 건재합니다.

노동자 때문

영국이 브렉시트(Brexit, 영국의 EU 탈퇴)를 결정함에 따라
세계 각국은 나날이 커져 가는 세계 경제의 불확실성에 대한 대책 마련에 분주합니다.
불안한 세계 경제의 흐름 속에서도 한국의 경제정책은 노동자의 희생에 의지하는 안일한 모습을 보입니다.

기운

박근혜 대통령은 청와대 주재 문화관광산업 경쟁력 강화 회의에서

"김밥 한 줄에 1만 원씩을 받는 식으로 하면 관광객이 더 오는 게 아니라 관광객을 쫓아내게 된다"며

관광산업에 대한 경쟁력 강화 방안과 문제점을 김밥값까지 거론하며 세심하게 지적합니다.

대통령의 김밥값 걱정이 하늘을 찌르는 가운데 오늘도 비정규직 노동자들은 목숨을 걸고 재벌의 비자금 창고를 채웁니다.

여기서는

신동빈 롯데그룹 회장과 신격호 총괄회장이 계열사에서 매년 300억 원대의 돈을 받은 사실과
계열사 간 내부 거래를 통해 롯데그룹 일가가 1000억 원대의 수익을 독식하고 부동산을 시세보다 비싼 값에 계열사에 팔면서
부당이득을 챙긴 의혹 등 재벌이 기업을 이용해 불법으로 재산을 취득한 사실이 속속 확인되고 있습니다.
재벌 집안의 영광을 위해 한국 일터의 불은 꺼질 줄을 모릅니다.

뭘 먹나

골치

우리들은 자란다

2016년 5월 3일

뭘 먹나
부정 청탁과 금품 수수 금지에 관한 법률인 김영란법의 시행을 앞두고 일각에서 우려의 목소리가 쏟아집니다.
3만 원 이상의 접대와 5만 원 이상의 선물이 금지되는 만큼 요식업계와 축산 농가가 무너지고 소상공인 매출이
연 2조 원 이상 감소한다는 분석도 나옵니다. 노동자의 희생으로 만들어지는 기득권층의 이익을 유지하기 위해
그들만의 리그가 벌어지고 있는 접대 시장 보호에 사활을 거는 모습입니다.

골치
헌법재판소가 언론인과 사립학교 교원을 김영란법의 적용 대상에 포함시키는 것이 적절하다는 판결을 내림으로써
청탁금지법의 본격 시행을 눈앞에 두게 되었습니다.
많은 국민은 청탁과 매수가 일상화된 대한민국 사회에 일대 변화가 일어나기를 기대합니다.

우리들은 자란다
오는 9월에 시행되는 김영란법이 내수 경제를 위축시킨다며 박근혜 대통령까지 나서서 개정이 필요함을 강조합니다.
또 기업체에게 금품을 받았다가 해임 처분을 받은 서울시 공무원에 대해 대법원은 1,000원만 받아도 중징계하도록 하는
박원순법은 지나치게 가혹하고 사회 통념상 재량의 범위를 넘어선 위법한 처분이라고 판결합니다. 서민들에게는 엄격한
법질서를 강조하지만 부정부패에는 관대한 헬조선에서는 언제 또 대형 참사가 일어날지 알 수 없습니다.

정부가 전기와 가스 사업을 민간에 개방하는 계획을 포함한 에너지·환경·교육 분야 공공 기관 기능 조정 방안을 발표합니다.
저비용 고효율이라는 이름으로 기본 생활에 필수적인 분야의 공공성을 무너뜨려
서민들이 치러야 하는 비용을 늘리고 자본가들의 이익을 증대시킵니다.

무기

미국 플로리다 올랜도의 나이트클럽에서 한 청년이 총을 난사해 수십 명이 숨지는
사상 최악의 총기 테러 사건이 발생해 미국 사회가 큰 충격에 빠집니다.
미국에서는 총에 대한 관대함이 비극적 사건을 부르고 한국에서는 불법 갑질에 대한 관대함이 서민들에게 고통을 안겨 줍니다.

비밀의 방

롯데그룹에 대한 검찰 수사가 본격적으로 이뤄지는 가운데 신격호 롯데그룹 총괄회장의 비밀 금고와 비밀 공간이 드러납니다.
검찰은 서울 롯데호텔 34층의 신 총괄회장 사무실에서 빼돌려진 비밀 금고를 롯데그룹 이 모 전무의 처제 집에서 찾고,
그 안에서 현금 30억 원과 서류 등을 찾아냅니다.
노동자들이 화장실과 창고 등지에서 남의 눈에 띄지 않게 식사하며 피땀 흘린 대가가
재벌들의 비밀 창고에 차곡차곡 쌓이고 있습니다.

잘 만들어 보세요

일할수록 가난해지는 을의 삶이 두려운 청년들은 갑의 자리를 꿈꾸며 스펙 경쟁에 뛰어들 수밖에 없습니다.
갑이 을을 착취하게 만드는 사회구조가 인간성을 앗아 갑니다.

아프니까

비용 절감 수익 개선을 위해 많은 노동자가 하청, 용역 등의 방식으로 착취당하고 있습니다.
값싼 노동력을 확보하려는 탐욕의 손길이 청년들을 향합니다.

잭팟

통일은 대박

이란 잭팟

와르르

뭐니뭐니해도 진짜 대박잭팟은 서민지갑
담뱃값
(지난해 세수 3조 6천억 증가)
대박났을땐 표정관리 잘해야

청와대가 박근혜 대통령의 이란 방문을 계기로 중동의 마지막 블루오션인 이란에서 최대 52조 원 규모의
인프라 건설 및 에너지 재건 사업을 수주하는 발판이 마련됐다고 밝히고, 언론은 '수주 잭팟'이 터졌다는 보도를 쏟아 냅니다.
그러나 상당수 법적 구속력이 없는 양해 각서인 만큼 이는 장밋빛 기대라는 지적이 이어집니다.

잇따른 원인 불명의 사망이 "인체에 안전한 성분을 사용하여 안심하고 사용할 수 있습니다"라는 광고를 내세운
유명 가습기 살균제 탓임이 드러나 소비자들이 분노하고 있습니다.
기업이 수익 창출을 최고의 가치로 삼고 사회에 끼치는 부작용을 원인 불명 또는 개인의 불운과 무능력으로 돌리는 현실이
소수 1퍼센트의 배를 더욱 쉽게 불려 줍니다.

자르고 붙여

5월 1일 노동자의 날을 맞아 전국에서 대규모 노동절 집회가 열리고
정부가 추진하는 규제 개혁을 반대하는 목소리가 울려 퍼집니다. 노동 개혁이라는 이름을 앞세워
쉬운 해고와 임금 삭감, 비정규직 양산을 밀어붙이는 정권의 치하에서 맞이하는 우울한 노동절입니다.

숫자

프란치스코 교황은 그리스 레스보스 섬의 난민 캠프를 찾아 이들에 깊은 연민과 연대감을 표하며 난민 문제 해결을 촉구합니다.
교황은 로마 공항에서 출발하기 전 트위터를 통해 "난민들은 숫자가 아니라 사람이다.
각자 얼굴과 이름, 삶의 이야기도 있는 난민들을 인격적으로 대우해야 한다"고 강조합니다.

주문

여당의 총선 참패 직후 박근혜 대통령은 흔들림 없는 노동개혁 추진을 주문해
자성과 변화의 모습을 기대한 국민을 어이없게 만듭니다.
박 대통령은 한-노르웨이 정상회담에서 "여러 가지 어려움이 있지만 노동개혁은 반드시 추진하겠다"고 밝힙니다.

드신 분

서민경제
남북관계
국가 청렴도
인권
환경

말아드신 분

가볍게 쌈싸드신 분

철근

세월호에

철근

To.
제주
해군기지

한국경제호에

이명박근
롯데
4대강
부동산 올인

뻔뻔한 사람들

드신 분

이명박 정부 시절 서민 경제와 인권, 남북 관계, 국가 청렴도 등은 급속도로 악화되었습니다. 이제 박근혜 정권은
그를 우습게 뛰어넘고 있습니다. 제18대 대통령선거를 눈앞에 두고 한 인사가 "박근혜 후보가 집권하면 우리는
이명박 전 대통령을 그리워하게 될 것이다"라고 단언한 바 있는데 이제 많은 이들이 이에 공감하게 된 현실입니다.

철근

세월호가 참사 당시 최대 987톤이라는 화물적재량보다 1,228톤을 과적해 총 2,215톤을 적재했다는 사실이
4·16세월호참사 특별조사위원회에 의해 드러납니다.
이 중 철근이 410톤이었고, 철근의 일부는 제주 해군기지로 운반될 예정이었던 것도 확인됩니다.
참사 이후 2년여의 세월이 흘렀지만 진상 규명의 길은 아직도 멀기만 하고 정부는 걸림돌의 역할만 하고 있습니다.

뻔뻔한 사람들

이명박 전 대통령이 퇴임 3년 만에 처음 가진 강연에서 "4대강 사업은 녹색 성장을 주도하고
경제 침체를 극복하는 데 기여한 성공 정책으로 생각하고 있다"고 밝힙니다.
전직 대통령이 뭐라고 떠들든지 눈물 젖은 헬조선에는 녹색으로 변한 강물만 유유히 흐르고 있습니다.

2016년 국가공무원 지역 인재 7급 필기시험에 응시한 26세 송 모 씨가 정부서울청사 16층 인사혁신처에 들어와
시험 담당자의 컴퓨터를 가동하고 합격자 명단에 자신의 이름을 추가함으로써 결과를 조작하는 사건이 벌어집니다.
2012년 당시 정부중앙청사 화재사건 이후 보안을 강화했다고 하는데 이번에는 컴퓨터 보안까지 뚫려 충격을 주고 있습니다.

힘들어요

교통사고를 낸 뒤 음주 측정을 거부한 조원동 전 청와대 경제수석비서관을 검찰이 벌금 700만 원에 약식기소합니다.
특권층에게는 온정이 넘치는 사회이지만 유독 다수의 노동자에게는 가혹하기만 합니다.

인간지능이 있다

미국 피터슨국제경제연구소(PIIE)가 경제 전문지 〈포브스〉 기준의 억만장자를 분석한 결과,
2014년 현재 자산 10억 달러(약 1조 2000억 원) 이상 부자 중 상속 부자의 비율은 한국이 74.1퍼센트인 것으로 나타났습니다.
이는 세계 평균(30.4%)의 두 배를 넘는 수치입니다. 한국보다 상속 부자의 비율이 높은 국가는
쿠웨이트와 핀란드(각 100%), 덴마크(83.3%), 아랍에미리트(75%) 등 네 곳뿐이었습니다.
한국을 세습 귀족제 사회로 건설하는 데 우수한 인간지능이 큰 역할을 한 것은 물론입니다.

행세

박근혜 대통령이 청와대 수석비서관 회의에서
"우리 아들딸들의 장래를 외면하고 나라의 미래를 내다보지 않는 정치권 일부의 기득권 세력과
노동계의 일부 기득권 세력의 개혁 저항에 조금도 흔들리지 않고 국민과 함께 개혁을 추진해 나가겠다"고 말합니다.
노동자를 더욱 강도 높게 착취하기 위한 작업을 기득권 개혁이라는 포장으로 위장합니다.

피리 부는 대통령

박근혜 대통령이 경제 단체와 기업인 등이 주도하는 '민생 구하기 입법 촉구 1000만 서명운동'에 동참합니다.

박 대통령은 서명한 뒤 "얼마나 답답하면 서명운동까지 벌이겠는가. 힘을 보태 주려고 참가하게 됐다"고 격려합니다.

현직 대통령이 입법을 청원하는 서명운동에 직접 참가하기는 사상 최초입니다.

노동자를 절벽으로 모는 노동개악법에 대한 애정을 감추지 못하고 있습니다.

극단주의

국제 구호단체 옥스팜 인터내셔널의 보고서를 보면 2016년 세계 최고 부자 62명이
자산 순위 하위 50퍼센트를 차지하는 약 35억 명의 자산을 다 합친 것과 맞먹는 부를 보유한 것으로 나타납니다.
부자 62명이 전 세계 부의 절반을 차지하고 있는 것입니다.
옥스팜 인터내셔널은 보고서에서 "힘과 특권이 부자와 나머지의 부의 갭을 늘리도록 경제 시스템을 악용하고 있다"고 말합니다.
자본 극단주의의 끝이 어디인지 전 세계의 99퍼센트 인민은 두렵기만 합니다.

격리된 사람들

재계가 주도하는 경제 활성화 입법 촉구 1000만 서명운동에 박근혜 대통령이 직접 동참해
대통령으로서 국회를 무시하는 행동이라는 비판이 일고 있습니다.
사회로부터 격리된 감옥생활이 어떤 이에게는 사유와 성찰의 기회가 되었지만,
어떤 이에게는 어린 시절부터 겪은 안락한 구중궁궐의 생활이 인식의 폭을 주변 기득권층에 머물게 했습니다.

조선

전 세계에 핵 자랑을 하는 북한의 인민은 배고픔과 사투를 벌이고 있습니다.
경제 대국임을 자랑하는 한국의 대다수 국민은 흙수저 대물림의 사슬과 사투를 벌입니다.

박근혜 대통령이 총선용 돌려 막기 개각을 단행합니다.
국토교통부 장관에서 물러난 지 40여 일밖에 되지 않은 유일호 의원을 경제부총리 겸 기획재정부 장관으로 재기용하는데,
이는 총선을 앞두고 진박인 최경환 기재부 장관을 당에 복귀시키기 위함입니다.
최 장관은 장관직을 수행하며 총선을 의식해 무리한 경기 부양책을 밀어붙여 왔습니다.

아프면

희망퇴직을 실시 중인 두산인프라코어가 한 해 전 입사한 20대 신입사원에게까지 희망퇴직을 종용했다는 사실이 알려져 비난을 받고 있습니다. 재벌들의 곳간은 줄어들 줄 모르고 노동자들의 밥그릇만 박살 납니다.

미국과 한국

마크 저커버그 페이스북 CEO가 첫딸을 출산한 기념으로
자신이 보유한 페이스북 지분 99퍼센트(약 450억 달러)를 기부하겠다고 선언해 전 세계인에게 놀라움과 감동을 안겨 줍니다.
한국의 재벌들이 애써 외면하고 싶은 미국 기업가의 모습입니다.

급변의 시대

중국의 위안화가 국제통화기금(IMF) 특별인출권(SDR) 준비 통화에 편입됨으로써
국제 교역과 금융시장에서 널리 사용되는 미국 달러화, 유로화, 영국 파운드화 그리고 일본 엔화와 함께
세계 5대 기축통화의 지위를 얻게 됩니다.
급변하고 있는 세계 속에서 한국 경제는 구시대적 모습만을 지키고 있습니다.

폭도

김낙년 동국대 경제학과 교수가 공개한 〈한국에서의 부와 상속, 1970~2013〉 논문을 보면
부를 형성하는 데 상속 및 증여가 기여한 비중이 1970년대 36퍼센트였던 것이
1980년대 및 1990년대에는 각각 27퍼센트, 29퍼센트로 떨어졌다가 2000년대에는 42퍼센트까지 오른 것으로 확인됩니다.
부모의 재산이 인생을 결정하는 사회구조 속에서 부모의 후광으로 권력을 가지게 된 사람들이
1970년대식 구호 '하면 된다'와 '잘살아 보세'를 앞세우며 노오력만을 요구하고 있습니다.

새벽종이 울렸네

박근혜 대통령이 "자라나는 세대에게 우리나라에 대한 자부심과 정통성을 심어 줘야
통일 시대를 대비한 미래 세대를 올바르게 키울 수 있다. 변화하는 동북아 정세에서 우리 미래 세대가 혼란을 겪지 않고
대한민국에 대한 자긍심을 갖기 위해서라도 올바른 역사교육은 너무나 당연한 것"이라며 국정교과서의 필요성을 강조합니다.
누구를 위한 자부심 고취인지는 민중들에게 가혹한 현실이 대신 말해 줍니다.

버림받은 자

레이저

버림받은 자

검찰이 비선 실세 최순실 씨와 안종범 전 청와대 정책조정수석, 정호성 전 청와대 부속비서관 등
핵심 피의자 세 명을 구속 기소하고 박근혜 대통령이 이들과 공모해 범행을 저질렀다고 발표해
현직 대통령이 헌정 사상 처음으로 피의자 입건됩니다. 화무십일홍 권불십년(花無十日紅 權不十年)입니다.

레이저

각종 비리 혐의로 고발된 우병우 전 청와대 민정수석이 검찰 조사를 받습니다.
검찰에 출석한 우 전 수석은 최순실 사태에 대해 전 민정수석으로서 느끼는 책임감을 묻는 기자에게
사과는커녕 레이저 광선과도 같은 눈빛을 쏴 국민들을 분노하게 합니다.

영원한 권력

삼성이 최순실 씨의 딸 정유라 씨가 탈 말 구입비 등으로 35억 원을 지원한 사실이 드러납니다.
이 돈 가운데 10억 원가량이 명마 '비타나V'를 사는 데 들어간 것으로 밝혀집니다.
권력자와 친한 실세에 로비를 벌인 덕에 재벌은 이번 정권에서 손쉽게 착취하고 갑질할 수 있었습니다.

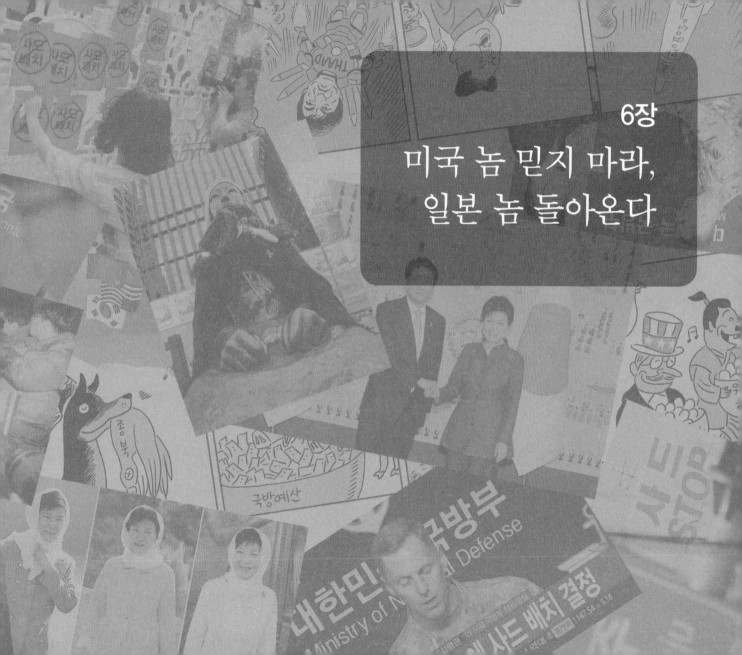

6장

미국 놈 믿지 마라,
일본 놈 돌아온다

웃는 자들

최순실 게이트와 관련하여 박근혜 대통령과 독대한 사실이 있는 이재용 삼성전자 부회장이
참고인 신분으로 검찰 조사를 받습니다. 검찰 조사 이튿날 삼성전자는 미국 전장 기업 하만을
80억 2000만 달러에 인수하는 사상 최대 규모의 M&A를 전격 발표해 언론의 찬사를 받습니다.

텅

트럼프를 대통령으로 당선시킨 미국을 비롯해 한반도 주변 열강의 행보가 우려되는 시대입니다.
한국 경제와 안보를 뒤흔드는 대혼돈의 쓰나미가 몰려오고 있지만 국민에게 버림받은 대통령은 자리를 지키며 세월을 보냅니다.

트럼프

제45대 미국 대통령선거에서 공화당 후보 도널드 트럼프가 당선됩니다.
미국 언론은 충격적인 대이변이라는 반응을 쏟아내고 많은 미국인이 미국과 세계의 장래를 우려하기 시작합니다.

북 타령

연일 터져 나오는 정권 주변의 의혹에 정부 여당은 아무런 대답을 내놓지 않고 있습니다.
대신 북의 도발과 종북 논란을 일으키는 동문서답만을 반복합니다.

막말

미국 대통령선거를 앞두고 공화당 후보 도널드 트럼프의 기행과 막말이 세계인의 관심을 끄는 가운데
주요 언론이 그의 세금 회피 전력을 드러내고 음담패설 녹음 파일이 공개되는 등 대선 판세가 요동치고 있습니다.
트럼프식의 막말과 탈세가 어떤 나라에서는 크게 주목받을 일이 아닙니다.

남핵

경주 지진 발생 직후 국민안전처 홈페이지가 접속되지 않고 먹통이 되는 사태가 일어납니다.
국내 최대 지진의 여파로 원전 안전에 대한 불안감이 커지는 와중에 정부는 신뢰를 주지 못하고 있습니다.

권력을 감시하고 여론을 대변하는 언론이 본연의 의무를 소홀히 한 채
특정 세력과 사주의 이익에 앞장서는 모습을 자주 보이고 기업과 유착 관계였다는 사실까지 밝혀진다면
정치 공작에 의해 압력을 받는 경우라도 언론 탄압이라는 명분을 세우기는 힘들 것입니다.
국민의 눈에는 권력에 충성하던 세력이 배신 후에 숙청당하는 모습으로 비춰질 뿐입니다.

삶고 굽고 지져

기록적 폭염이 연일 계속됩니다.
언제 끝날지 모르는 무더위 말고도 국민을 지치게 하는 것이 많은 계절입니다.

재

2016년 8월 29일

멍석

2016년 2월 1일

재
8월 29일은 조선이 망한 지 106년이 되는 국치일입니다.
새삼 이날을 무거운 마음으로 곱씹게 되는 시절입니다.

멍석
일본 정부가 "전면적인 진상 조사 결과 일본 정부가 확인할 수 있는 서류 어디에서도
군과 관헌에 의한 위안부 강제 연행이 확인되지 않았다"고 밝힙니다.
한일 위안부 문제 협상 타결이라는 멍석이 깔렸으니 이제 그들의 춤판이 벌어질 차례입니다.

물
일본 정부와 언론이 일본군 위안부 문제의 타결이 '최종적이고 불가역적'인 것이라고 한 아베의 발언에
큰 의미를 부여하고 있습니다. 한국 정부는 피해 당사자인 할머니들과 사전 협의도 없이
위안부 문제를 더는 거론할 수 없게 만든 졸속 합의를 해 일본의 큰 짐을 덜어 주게 되었습니다.

콘크리트

박근혜 대통령 지지율이 우병우 민정수석 의혹, 사드 배치 논란, 친박 실세 공천 개입 녹취록 파문 등으로 급락합니다.
특히 콘크리트 지지층이라고 여겨지는 TK에서 취임 후 처음으로 30퍼센트대로 떨어진 수치가 나옵니다.
사드의 위력을 실감하고 있습니다.

외부 세력

황교안 국무총리가 사드 배치 예정지인 경북 성주를 방문했다가 봉변을 당한 것을 두고
정진석 새누리당 원내 대표는 "소위 직업적 전문 시위꾼들의 폭력 행위는 엄단해야 한다"며
외부 세력이 폭력 시위를 유도했다고 주장합니다.
보수층 인사들은 사드 배치 반대 시위에 종북 세력이 개입한다는 주장을 펼치고 있습니다.

동물의 왕국

국방부가 사드 배치 지역을 경북 성주에 자리한 공군의 호크 미사일 부대로 확정했다고 발표합니다.

동아시아 정세에 큰 변수가 될 뿐 아니라 지역 주민의 건강과 국가 경제에도 막대한 영향을 끼칠 사드를 도입하면서

주민 설명회나 최소한의 동의 절차를 거치지 않고 그 결과만 기습적으로 발표했다는 사실은

민중이 개돼지와 같은 취급을 받는 현실을 다시 한 번 확인시켜 줍니다.

견마지로

사드 배치와 관련한 협의 내용을 밝히지 않고 함구해 온 한미 양국이 8일, 주한 미군에 사드를 배치하기로 결정했다고
기습적으로 발표합니다. 이 땅의 주인은 대한민국 국민이건만 국민의 생각에 아랑곳하지 않고
오로지 강대국의 군사적 목적에 따라 그들에게 필요한 무기를 배치하기로 합니다.
일제에 견마지로(犬馬之勞)를 다하며 출세한 세력의 금수저 후손들이 그 처세 방식을 이어받고 있습니다.

포장과 알맹이

한국의 국가 브랜드 디자인이 프랑스 기관의 디자인을 표절한 것이라는 의혹이 있지만
우리 사회에서 벌어지는 일들을 보면 북쪽을 표절하고 있다는 의심이 듭니다.

코렉시트

동남권 신공항 공약 백지화 등의 여파로 박근혜 정부에 대한 지지도가 추락한 가운데
박근혜 대통령이 북한의 무수단 미사일 시험 발사와 관련해
"지금 우리의 분열을 꾀하며 북한을 옹호하는 세력들을 막아야 한다", "국가가 위기에 처했을 때 가장 무서운 것은
내부의 분열과 무관심이다. 과거 월남이 패망했을 때도 내부의 분열과 무관심이 큰 원인이었다"고 말합니다.
한국은 이미 21세기의 흐름에서 벗어나 '반공'과 '잘살아 보세'의 구호가 난무하는 과거로 나가는(exit) 중입니다.

웃는다

한국 정부가 이란, 우간다, 쿠바 등 북한과 우호 관계에 있는 국가를 상대로 외교전을 펼치고 있습니다.
대통령이 이란, 우간다를 방문해 북핵 반대를 주장하는 한편 윤병세 외교부 장관은 쿠바를 방문해 수교 의사를 전달하는 등
북한을 고립시키기 위한 외교에 힘을 기울이는 모습입니다.
정말 고립되고 있는 것은 미세먼지 속에서 민생고와 사투를 벌이는 한국의 민중입니다.

과로

2016년 6월 7일

해외 순방 때마다 고군분투하며 건강을 악화시킨 것으로 알려진 박근혜 대통령이
이번 아프리카 순방 이후에도 체력이 바닥 나 업무를 보지 못하고 주치의의 권고에 따라 휴식을 취하고 있는 것으로 알려집니다.
대통령은 링거를 맞으며 전 세계를 도는 순방 투혼을 보이고 국민은 헬조선에서 목숨을 건 고난의 행군을 이어 갑니다.

눈에는 눈

2016년 7월 15일

눈에는 눈, 이에는 이, 분노에는‥

사드절대불가

사드반대

분노

안전하다는데 자꾸 분란일으키면 대한민국은 존재하지 않아

사진 치아라, 마음 떠나뿟다

성주군마을회관

떠남에는 떠남

나도 떠난다 몽골로 ～

다음은 어디냐

2016년 6월 2일

바다에서‥화장실에서‥ 지하철역에서‥

← ‥ 주의 ‥

공사장에서‥ 아파트에서‥

유서

다음은 어디냐

다음은 프랑스

순방

추진력

대형참사에도‥

4·3위령제에도‥

제주 4·3사건 희생자 위령제

5·18 기념식에도 모습을 드러내지 않는 것은‥

5·18

추진력을 얻기 위해서이다

이번엔 아프리카 순방

눈에는 눈
사드 배치에 대한 반발이 거센 가운데 박근혜 대통령은 국가안전보장회의(NSC)를 주재한 자리에서 대한민국 안보의 중요성과 사드의 안전성을 강조하며 "지금은 사드 배치와 관련한 불필요한 논쟁을 멈출 때다. 이해 당사자 간의 충돌과 반목으로 정쟁이 나서 국가와 국민의 안위를 잃어버린다면 더 이상 대한민국은 존재하지 않을 것"이라고 말합니다. 박 대통령은 NSC 뒤 제11차 아시아유럽정상회의(ASEM) 참석과 몽골 공식 방문을 위해 4박 5일 일정으로 출국합니다. 난관이 있을 때는 정면 돌파 후 해외 순방을 떠납니다.

다음은 어디냐
박근혜 대통령이 아프리카 3개국 순방을 마치고 프랑스를 국빈 방문합니다. 집권 4년차인 현재까지 대략 35개가 넘는 국가를 방문함으로써 역대 최다 해외 순방 기록을 갖고 있는 이명박 대통령의 기록을 넘어설 것으로 예상됩니다. 헬조선의 눈물바다 위로 오늘도 비행기는 뜹니다.

추진력
국가보훈처가 5·18 기념식에서 〈임을 위한 행진곡〉을 제창할 수 없다는 입장을 고수합니다. 박근혜 대통령은 3년째 5·18기념식에 참석하지 않습니다. 군사 쿠데타 반란 세력에 대항해 민주주의를 지키고자 한 민중들의 외침이 두려운 집단이 아직도 대한민국을 지배하고 있습니다.

불경죄

북한이 제7차 당대회 취재를 위해 평양을 방문한 BBC의 루퍼트 윙필드 헤이스 기자를 구금하고 추방한 것으로 알려져 국내 언론이 열띤 보도를 하고 있습니다. 그러나 이는 남한에서도 익숙하게 일어나는 일입니다.

뽑았노라

대통령의 지속적 압박 끝에 국회의장이 직권 상정 처리한 테러방지법에 대한 우려가 큽니다.
민주주의의 공든 탑은 무너져 가고 가계 빚만 쌓입니다.

가상현실

애플과 구글이 스마트폰에 연동되는 가상현실 헤드셋을 개발하는 등 가상현실(VR) 기술이 미래 산업으로 주목받고 있습니다.
〈뉴욕타임스〉는 가상현실을 사용한 뉴스 보도를 시도해 언론 보도 방식의 새로운 길을 제시합니다.
그러나 이미 현실 속에서 수많은 민중이 겪고 있는 재난과 비상사태를 외면하고 가상의 위기를 증폭시켜 보여 주는
한국의 언론이 가상현실 기술까지 도입한다면 어떤 부작용이 생겨날지 우려가 앞서는 형편입니다.

실험

개성공단 근로자 임금이 핵 개발에 전용됐고 관련 자료를 가지고 있다던 통일부 장관이
유엔 결의안 위반 논란이 일자 발언을 번복하는 등 우왕좌왕합니다.
한국 정부의 주한 미군 사드 배치 허용 움직임에 대해 중국은 민감한 반응을 보이고 경제 보복의 조짐마저 드러냅니다.
북핵에 공포를 느낄 여유도 없는 위기 상황으로 나라가 운영되고 있습니다.

한미가 사드의 한반도 배치 문제와 관련해 공식적으로 논의에 착수하고 중국은 우려를 표시합니다.
한반도 정세의 불안은 나날이 높아가지만 한국 정부는 미국의 뜻에 따라 춤출 뿐입니다.

광명

북한이 장거리 로켓을 발사해 지구관측위성 광명성 4호를 궤도에 진입시키는 데 성공합니다.
광명의 기운을 받아서인지 냉전 세력의 미사일에 대한 성토가 힘차게 들립니다.

박수

북한의 광명성 발사 성공으로 미국의 동북아 MD(미사일 방어 체제) 구축 전략이 힘을 얻는 가운데

한국 정부는 주한 미군 사드 배치를 환영하고, 막대한 손실에도 남북 교류의 상징인 개성공단 운영을 전면 중단합니다.

한반도의 미래를 설계하는 능동적이고 자율적 외교 자세가 아닌 오로지 미국의 논리에 따르는

수동적이고 타율적 자세를 취함으로써 스스로 강대국의 도구를 자처합니다.

경제가 문제냐

배가 침몰하고 전염병이 돌면

경제가 걱정, 유언비어 살포말고 가만히 있으라

위성이 돌면

지금 경제따위가 문제냐

정부가 북한의 핵실험과 장거리 로켓 발사를 제재한다는 이유로 개성공단을 폐쇄합니다.
남북 화해와 교류의 상징이 사라짐과 동시에 갑작스러운 공단의 폐쇄로 입주 기업은 막대한 손실을 입게 됩니다.

미국 대선 후보 민주당 경선에서 무상교육, 보편적 의료 제공, 노조 강화, 최저임금 인상 등을 내세운
사회주의 정치가 버니 샌더스의 돌풍이 매섭습니다.
흙수저 계급론과 헬조선 자조가 넘치는 한국에서도 샌더스에 대한 관심이 커지고 있지만
극복해야 할 문제가 미국보다 더욱 많은 현실입니다.

국내에선

박근혜 대통령의 대국민 담화 및 기자회견에서 사전에 준비한 질문지와 순서대로 기자들이 묻고 대통령이 답함으로써
짜인 각본이라는 비판이 나옵니다. 박 대통령은 "제가 머리가 좋으니까 그래도 이렇게 기억을 하지,
머리 나쁘면 이거 다 기억 못해요. 질문을 몇 가지씩이나 하시기 때문에"라는 유머와 함께
화기애애한 기자회견장의 분위기를 즐기고 갑니다.

뛴다

꼴뚜기가 뛰면

망둥이도 뛰고

군수산업

망령도 뛰고

군국주의

망망대해로 나설 우리의 가슴도 뛴다

북풍

친일 친독재 땃쥐 탈세 군기피 차떼기 금수저 협회

장기집권의 바다

북한의 핵실험으로 북풍이 몰아치고 있습니다.
동북아 정세의 불안은 기득권 정치 세력에게 안정을 가져다줍니다.

북꾼 남봉

북한의 기습 핵실험 도박으로 한·미·일을 포함한 주변국이 대응 전략을 세우느라 분주합니다.
긴박하게 돌아가는 국제 정세 속에서 외교 역량에 따라 실익을 챙길 수도 봉이 될 수도 있습니다.

폭탄

북한이 첫 수소폭탄 핵실험을 감행하고, 자체 기술로 소형 수소탄 위력을 증명한 데 이어 수소탄까지 보유함으로써
핵보유국 전열에 올라섰다고 주장합니다.
박근혜 정부가 외친 '통일은 대박'이 연기가 되어 사라지고 있습니다.

화살

박근혜 대통령이 신년을 맞아 새로운 어록을 추가합니다. 박 대통령은 신년 인사회에서
"정신을 집중해서 화살을 쏘면 바위도 뚫을 수 있다"며 경제 활성화를 위한 법안 처리와 4대 개혁 완수를 강하게 주문합니다.
국내용 메시지는 언제나 강렬하고 북한스럽습니다.

든든한 정부

한미합동실무단의 공동 조사 결과 미군이 한국 정부에 알리지도 않고 2009년부터 2014년까지
열다섯 차례나 탄저균을 반입해 실험에 사용했으며 페스트균 표본까지 같이 반입한 사실이 드러납니다.
무능한 한국 정부 덕에 주한 미군은 한국 땅에서 맘 편히 생물학무기 실험을 자행합니다.

보았느냐

북한이 노동당 창건 70주년을 기념해 사상 최대 규모의 열병식을 개최합니다.
남한의 방송사는 북한군의 열병식을 생중계하고 특보를 통해 집중 보도합니다.
북한 정권의 대남 위협은 한국 언론의 큰 관심사이자 무능한 보수 정권을 지탱하는 버팀목입니다.

또 터져

2016년 9월 13일

든든

2016년 8월 25일

또 터져

북한의 제5차 핵실험 이후 박근혜 대통령은 "끊임없는 사드 반대와 같이 대안 없는 정치 공세에서 벗어나 이제는 북한의 공격 가능성을 배제할 수 없는 상황에서 우리가 취할 기본적인 것들을 해야 한다. NSC는 상시 비상 체제를 유지하기 바라며 국가비상사태에 준하는 자세로 북한의 상황을 예의 주시하고, 국내 불순 세력이나 사회불안 조성자들에 대한 철저한 감시 등 국민의 안전을 책임져 주기 바란다"고 말합니다. 박근혜 정권의 수많은 악재를 북핵이 덮어 줍니다.

든든

박근혜 대통령이 이철성 후보자를 신임 경찰청장으로 임명합니다.
음주운전 사고를 내고, 신분을 속여 징계를 모면한 사실이 국회 인사 청문회 과정에서 드러났음에도
임명을 강행한 것입니다. 기저에는 북의 도발이 모든 것을 용서해 줄 것이라는 믿음이 존재합니다.

우주

박근혜 대통령이 "북한 정권이 주민들의 삶은 도외시한 채 지속적인 공포 통치로 주민들을 억압하고 있어서 최근에는 북한 엘리트층조차 무너지고 있다. 북한의 주요 인사들까지 탈북과 망명을 하는 등 심각한 균열 조짐을 보이면서 체제 동요 가능성이 커지고 있다"며 북의 도발 위협을 강조합니다.
박근혜 정권이 처한 위기 상황을 타개해 줄 존재는 역시 그분뿐입니다.

신화에 잡힌(Mythic seized) 사회와 인간

이현권(정신건강의학과 전문의 · 사진작가)

"아이의 지성이 눈을 뜰 때쯤이면 종교적 교리는 이미 공격할 수 없는 절대적 존재가 되어 있다."
─ 프로이트, 『환상의 미래(The Future of an Illusion)』

인간은 불완전하며 욕망한다. 자신이 자신을 기억할 수 없는 긴 시기 동안 절대적 의존 기간, 무기력한 시간을 통과한다. 불완전하며 불안정하다. 인간은 불안정,

불안을 견디지 못한다. 문명이라는 거대한 장치는 그런 인간에게 실제적 필요를 제공함과 동시에 불안한 심리적 현실을 안정감의 환상으로 비틀어 버리는 실험을 해왔다. 이야기, 신화는 그러한 것 중 하나다. 사회는 사회가 공유하는 신화를 만든다. 욕망하고 불완전한 인간은 완전한 신이 되든지 아니면 신과 관계함으로 신의 일부가 되는 환상을 꿈꾼다. 신화의 이야기 체계 속에

개별적 삶을 내맡긴다. 유동하는 인간 감각과 감정, 사고를 신화라는 매트릭스를 통해 이해하는 것이다. 인간의 모든 시간은 신화 속의 시간으로 대체되고 개별성은 이야기 속 역할의 하나가 된다. 날 때부터 '신화가 부여하는 역할' 속에서 평생 살아야 하는 것이다. 하지만 그 닫힌 공간에서 '살아 있음'을 느낀다. 토마스 만이 지적한 대로 현재에 살고 있지만 과거의 삶을 따라가는, 그것을 반복함으로 현재성을 살아가는 신화적 사로잡힘(mythic seizure), 신화적 동일시(mythic identification)의 삶을 산다. 이렇게 신화의 시대는 만들어진 사회 구조가 개인의 내면적 구조를 지배하는 무거운 시대다. 인간의 몸이 사회적 몸의 일부가 되어 구속된다. 의식은 그 지배 방식을 모를 것이다. 인간은 구조에 적응하기 때문이다.

고대 이집트는 불안정과 무질서의 현실을 신화라는 매트릭스를 통해 3,000년간 유지했다. 안정과 불안, 무질서와 질서, 안과 바깥, 선과 악을 선명하게 구별한 신화는 피부와 같이 사회 체계와 반응하였다. 생존을 위한 그들의 실험은 거칠 것이 없었지만 그들이 만든 거대한 틀, 신화적 삶의 방식은 변화하지 않는다. 인간은 신을 만들고 인간은 신이 되며, 신이 된 인간은 사람들에게 자신이 신이라는 것을 신화 속에서 관계함으로 보여 준다. 처벌과 유혹의 사회구조 속 인간에게 이 신화는 현실이 된다. 파라오는 그 신의 아이콘이다. 그는 결국 신이 되고 시대 창조 신화의 일부가 되어 절대 권력이 된다. 신이 된 파라오를 중심으로 시간성은 힘을 잃고 사회구조는 그 시간 속에서 불변한다. 그 정치적 힘은 모든 사회, 인간이 그 신화 속 역할의 일부로 돌아가게 한다. 이미지는 그 사회구조, 신화에 봉사하고 그것을 현실 속에서 이룬다는 환상을 만족시킨다. 수천 년간 변하지 않는 이미지 양식은 그 사회가 변하지 않는다는 신화의 힘과 정치권력에 굴복한 재현이다. 그 재현 체계는 다시 현실을 바라보는 틀이 되어 개별자의 시각, 사고를 지배한다. 반복이 시작된다. 이는 신화 세계의 시작이다.

박순찬 작가는 고루한 시대적 틀, 화석이 되어 버린 양식을 최근의 한국 사회에 이식한다. 모래 먼지 쌓인 죽은 나무처럼 보였던 이야기가 작가에 의해 피가 흐르는 생명을 얻었다. 현대 사회와 예술은 그때의 것과 다르다. 문명 초기 사회가 지배했던 양식과 비교하여 지금은 개별자의 예술이다. 자신을 피부와 같이 지배했던 거대한 타자를 분리하고 해체함으로 자신의 내면을 발견하고 표현할 수 있는 것이다. 선배 예술가들의 고단했던 투쟁에 빚을 진 작가는 그 방법으로 한국 사회를 타자화한다. 개인 내면에 스며들어 강제적으로 점유하는 힘, 권력 체계를 객관화하는 것이다. 작가는 이렇게 자신이 언론사에서 20여 년 넘게 네 컷 만화로 경험했던 개별적인 시선과 내용을 이집트의 양식 안에 녹인다. 매일 신선하게 뽑아 냈던 만화의 내용들이 녹아 작품 하나에 응집되어 모인다. 짧지 않은 파라오의 전기를 하나의 평면에 상징과 아이콘, 언어로 모았던 것처럼 작가는 자신의 작품 속에 한국 사회를 압축하고 압축한다. 무한한 관념과 사건 들이 이집트의 장인처럼 이미지 속에 배열된다. 그들처럼 빠지지 않게, 질서를 지켜 균형을 잃지 않는다. 하나하나가 깊은 고민의 흔적이다. 사회적 현상이 하나의 언어, 아이콘으로 구별되고 상징화되며 각자의 위치에 배열된다. 들어갈 관념이 들어갈 위치에 배치된다. 작가는 자신의 경험과 상응하는 효과적 양식을 보물을 캐듯 찾아 넣은 것이다.

파라오의 무한한 정치권력을 유지하기 위해 존재했던 이집트 신화의 다양한 신들은 현대사회의 거대한 자본, 언론, 법의 모습으로 치환된다. 파라오만의 사회구조를 위해 봉사했던 사회 체계의 관념들이 다른 이름으로 변형되어 유사하게 작용하는 것이다. 권력자는 신화화되고 군중에게 신화를 주입한다. 파라오와 같은 인물을 위해 살아가게 되는 이 사회 현실이 슬프다. 자유를 얻었지만 스스로 그 자유를 구속한다. 우리는 99퍼센트이지만 1퍼센트를 동경하고 그들을 위해 시간과 에너지를 쏟는다. 거대 자본이 뒤에 숨은 연예인도 마찬가지다. 그들도 역시 '신'이 되고자 한다. 우리의 욕망은 그들의 욕망에 종속되고 우리 시간과 대화는 그들로 채워진다. 살아갈 공간이 있지만 개별적 심리적 공간은 희미해진다. 무엇인가에 열중하지만 정해진 틀 내에서 이루어진다. 즐거움도 분노도 구조 바깥에서는 허락되지 않는다. 운명적으로 결정된 구조 속 인간으로 순응되어 가는 것이다. 불완전하고 욕망하는 인간은 유혹하고 처벌하는 절대자를 따를 수밖에 없다. 이는 작가의 작업 속에서 구조의 수평선 아래 표현된 '구별이 없는 얼굴들'의 삶이다. 작가가 보는 심리적 노예다. 위아래를 구별하는 선이 점점 두꺼워진다.

　작가의 경험과 관념은 이집트의 양식 속에 녹아 있지만 감정은 숨어 있다. 이집트의 장인이 시대적 양식에 감정을 배제한 것처럼 작가 역시 감정을 형식 속에 가두었을지 모른다. 하지만 세월호에 대한 작업에서는 작가의 분노나 깊은 슬픔이 스며 나온다. 형식이 감당할 수 없는 깊은 감정이 작업의 실제적, 심리적 무게로 표현된다. 작가의 관심은 여기에 있을지 모른다. 99퍼센트를 향한 깊은 애정이다. 절대자의 마취에 취해 있는 군중에게 그들의 위치를 다소 과장되게 보여 줌으로 순응의 파도를 막고 싶은 마음이다. 작가는 벽화와 같이 무겁게 작업하였다. 현 시대의 이집트 장인이 된 것이다. 하지만 작가는 그들과 다르다. 시선의 방향이다. 장인들은 절대자를 향했지만 작가는 그 아래, 우리를 향한다.

나는 99%다
I'm 99%

2012
120cm x 90cm
acrylic and mixing materials on wood

516 공화국
Republic of 516

2013
120cm x 90cm
acrylic and mixing materials on wood

세월의 기억
The Memory of Sewol

2014
70.5cm X 56cm
acrylic on wood

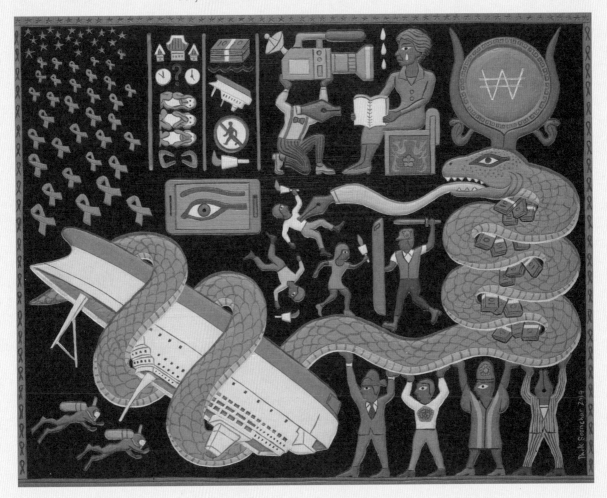

지옥 조선도
The Ship of Hell

—

2015
60cm X 60cm
watercolor on paper

행복한 눈물
Happy Tears

2009
90cm X 90cm
digital print

땅콩공주의 전설
The Legend of Nut Princess

2015
26cm x 26cm
enamel paint on ceramics

흙수저의 길
The Road of Populace

2015
130cm x 75cm
acrylic on wood

하일 섹시 스타
Heil Sexy Star

2016
56cm x 40cm
arcrylic on MDF

블랙 드림
Black Dream

2016
160cm X 90cm
acrylic on wood

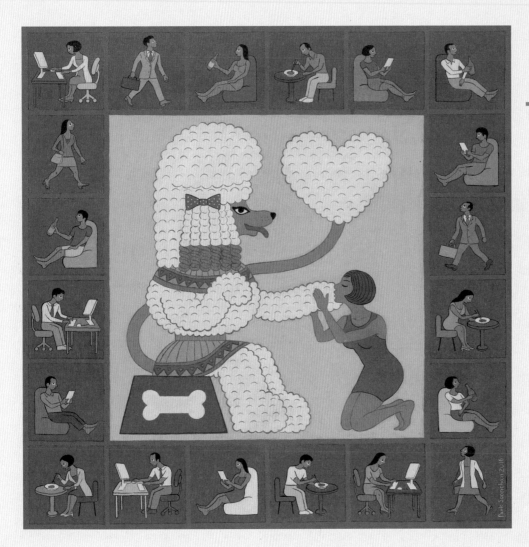

마이 러블리 패밀리 A
My Lovely Family A

2016
80cm x 80cm
acrylic on wood

마이 러블리 패밀리 B
My Lovely Family B
—

2016
80cm x 80cm
acrylic on wood

굿바이 사이비 전성시대

박순찬 지음

초판 1쇄 인쇄일 2016년 12월 9일
초판 1쇄 발행일 2016년 12월 16일

발행인 | 한상준
편집 | 김민정·전은재
디자인 | 김경희
마케팅 | 강점원
종이 | 화인페이퍼
제작 | 제이오

발행처 | 비아북(ViaBook Publisher)
출판등록 | 제313-2007-218호(2007년 11월 2일)
주소 | 서울시 마포구 월드컵북로6길 97 2층 (연남동 567-40)
전화 | 02-334-6123 팩스 | 02-334-6126 전자우편 | crm@viabook.kr 홈페이지 | viabook.kr